Unterrichtsideen Geschichte

Spiele im Geschichtsunterricht der Sekundarstufe I

Hildegard Gramatzki

Unterrichtsideen Spiele im Geschichtsunterricht der Sekundarstufe I

Spielformen, methodische Anregungen und Materialien zu ausgewählten Themen aus Antike, Mittelalter und Neuzeit

Ernst Klett Verlag für Wissen und Bildung
Stuttgart · Dresden

Als Ergänzung zu den vorliegenden Unterrichtsideen ist erschienen:
Hildegard Gramatzki: Materialien. Unterrichtsideen Spiele im Geschichtsunterricht der Sekundarstufe I.

Klettbuch 922693

Gedruckt auf Papier, welches aus Altpapier hergestellt wurde.

Die Deutsche Bibliothek – CIP-Einheitsaufnahme

Unterrichtsideen Spiele im Geschichtsunterricht der Sekundarstufe I:
Spielformen, methodische Anregungen und Materialien zu ausgewählten Themen aus Antike, Mittelalter und Neuzeit/Hildegard Gramatzki. – 1. Aufl. –
Stuttgart; Dresden: Klett, Verlag für Wissen und Bildung, 1994
ISBN 3-12-922692-3

1. Auflage 1994

Satz: Windhueter, Schorndorf
Druck und Bindung: Wilhelm Röck, Weinsberg
Einbandgestaltung: BSS Werbeagentur Sachse und Partner, Bietigheim
ISBN 3-12-922692-3

Inhalt

Überlegungen zum Spiel als Prinzip der Unterrichtsgestaltung

Spielen und Unterricht, Spielen im Unterricht – ist das nicht ein Widerspruch in sich? Sollte in der Schule nicht gelernt werden? Und wer sich ernsthaft mit Lernen beschäftigt, der wird sicherlich nicht spielen. Es sei denn, man untersucht das Verhalten von Kleinkindern. Hier gestehen wir gerne zu, daß Lernen durch Spielen stattfindet. Diese Art des Lernens hat außerdem etwas mit Neugierde, Spaß und Lust zu tun und geschieht meist im kommunikativen Umgang mit anderen. Genau so haben wir alle sehr fundamentale Dinge gelernt und zwar – mit Leichtigkeit! Auf solche Bedingungsfaktoren des Lernens möchte ich mich stützen, wenn ich hier über das Spielen als Lernverfahren im Geschichtsunterricht erneut nachdenke.

Die Möglichkeiten des Spiels können dabei helfen, starre Unterrichtsformen aufzubrechen, die rein kognitive Ebene des Lernens zu verlassen und den Mangel an aktiver Beteiligung der Schülerinnen und Schüler zu beheben. Gerade die zu geringe Berücksichtigung der aktuellen Bedürfnisse und Interessen der Lernenden verführt diese leicht dazu, den inneren Ausstieg aus dem Unterrichtsprozeß zu vollziehen und damit den eigenen Zugang zur Geschichte zu verlieren. Nur wenn Schülerinnen und Schüler sich in ausreichendem Maße emotional angesprochen fühlen, sind sie auch motiviert zum Lernen. Wie kann also die Kommunikation zwischen Lernenden und Lehrenden und dem Unterrichtsstoff verbreitert, die Schule wieder sinnlicher und Lernen mit Lust verbunden werden?
Als eine mögliche Antwort auf diese Frage sind hier Spiele entwickelt worden, die Zusammenhänge stiften zwischen der Lebenserfahrung der Kinder und Jugendlichen und den aufgesplitterten Lernzielen des schulischen Lehrplans. Als Alternative zum verschulten Lernen sollen hier für den Geschichtsunterricht Handlungs-„Spielräume" eröffnet werden. Die Überfülle des rein intellektuellen Stoffes im Unterricht und die daraus abgeleiteten abfragbaren „Leistungen" verhindern oft die soziale Annerkennung und Würdigung der Schülerpersönlichkeit. Erst ein offenes Interaktionssystem ermöglicht den Schülerinnen und Schülern, eigene Bedürfnisse und Gefühle zu zeigen. Sie werden neue Erfahrungen mit sich selbst und anderen machen und dabei auch individuelles Denken und moralisches Urteilen mit in den Lernprozeß einbringen können. Vielleicht finden die Lernenden auf diese Weise eher einen Weg, den von der Geschichtsdidaktik so vehement geforderten Einsichten in den historischen Prozeß näherzukommen. Im Spiel können die Lebens- und Sozialerfahrungen der Jugendlichen als Potential für schulisches Lernen aufgegriffen werden.

Hinweise zu verschiedenen Spielformen

Gerade *Rollenspiele,* an konkrete Handlungssituationen gebunden, fordern die Entstehung und Umsetzung von Phantasie heraus, die immer viel zu tun hat mit der Erinnerung und dem Vorwissen aus dem Alltag. Auf diese Weise kann dann exploratives Verhalten, das heißt die Fähigkeit, selbständiges Handeln sinnvoll in die Ereigniskette einer vorgestellten Szenerie einzubringen, gelernt werden. Der Einsatz von Verstand und Gefühl, die Verwendung von verbalen und nonverbalen Ausdrucksformen stiften unter Schülerinnen und Schülern soziale Beziehungen und lassen sie in einen kooperativen Lernprozeß eintreten.

Das breite Verwendungsfeld von spielerischem Umgang mit historischem Material führt bei der selbstproduzierten *„Bildgeschichte"* oder dem eigenständig erarbeiteten *Hörspiel* zu weiteren Möglichkeiten, die eigenen Erfahrungen in einem gestalteten Produkt gegenständlich werden zu lassen. Schülerinnen und Schüler werden durch ein Bild herausgefordert, sich in eine vergangene Welt hineinzuversetzen, in die Haut einer Person zu schlüpfen, um diese in der Auseinandersetzung mit einer schwierigen Situation lebendig werden zu lassen. Die Annäherung an den historischen Stoff und das geschichtliche Denken und Urteilen werden deutlich gefördert, wenn das eigene Ich durch Identifikation am Lernprozeß beteiligt ist.

Der Einsatz des *Kartenspiels* verändert die Unterrichtsform grundlegend, sie entspricht eher einer offenen Lernsituation. Im Gegensatz zu den schöpferischen Spielen, die die Schülerinnen und Schüler zum kreativen Umgang mit eigenen Ideen anregen, liegt ein Lernspiel meist in fertiger Form vor.

Gruppenbezogene Lern- und Übungsweisen verlangen vielfältige und gut strukturierte Materialien, mit denen die Lerngruppe gerne arbeitet. Tätigkeiten, die als Spiel empfunden werden, machen Spaß. Diese Tatsache begünstigt nicht nur das Lernen im Spiel, sondern auch das häufige und intensive Beschäftigen mit den geschichtlichen Inhalten.

Zusätzlich wichtig ist gerade in der heutigen Zeit, daß Jugendliche zwischen zwölf und 14 Jahren mit Kartenspielen vertraut werden, sich mit ihnen über die Schule hinaus beschäftigen können und lernen, mit anderen zusammenzuspielen. Das gemeinsame Lernen und der kommunikative Umgang miteinander sind damit wichtige Nebeneffekte eines jeden Lernspiels.

Auch das suchspielerische Prinzip des *Geschichtspuzzles* erfordert gemeinsames Handeln für die Planung und Durchführung des Arbeitsprozesses innerhalb der Gruppe. Spielfreude kann sich durch den Reiz, in Unordnung geratene Einzelteile wieder in einen sinnvollen Zusammenhang zu bringen, einstellen. Das Miteinander-Agieren-Können kann so manchen Frust und die damit verbundene Nervosität eines langen Schulvormittags lösen und darüberhinaus einen Lernertrag bringen. An dieser Stelle wird besonders deutlich, daß zwischen Spiel und Arbeit keine Trennlinie gezogen werden kann. Die Tätigkeitsform des Spiels untersteht hier ganz klar dem Zweck, etwas zu erarbeiten. Für die Schülerinnen und Schüler heißt es aber, *spielend* etwas lernen, der Zwangscharakter der Arbeit verliert sich.

Motivationen werden geweckt, weil man an der Gestaltung des Lernprozesses mitwirken und die eigene Spontaneität und Impulsivität im Austausch mit den anderen erleben kann.
Spiele finden immer in einem sozialen Rahmen statt, das heißt, soziale Fähigkeiten werden nebenbei erworben und geübt. Die Kommunikations- und Interaktionsanforderungen wechseln je nach Spielart, sind aber immer die Voraussetzung, um das Spiel in Gang zu bringen. Dabei können sich die Spielfunktionen, wie genereller Lustgewinn, Neugierde, Spannung, Wettbewerb usw., voll entfalten.
Und die Pädagogin, der Pädagoge sieht in Verbindung mit den stofflichen Unterrichtszielen, daß sich wichtige affektive und soziale, aber auch kognitive Lernziele verwirklichen lassen.

Erläuterungen zum geschichtlichen Rollenspiel

Rollenspiele im Geschichtsunterricht werden im allgemeinen in die Reihe der *Simulationsspiele* eingeordnet, deutlich unterschieden vom reinen Interaktionsspiel oder dem szenischen Spiel. Weder das Imitieren von Personen in bestimmten Situationen (wie z.B. im Stegreifspiel), noch das Theaterstück mit historischen Szenen, dessen Spielhandlung klar umrissen ist, sind hier gemeint, sondern das Erleben historischer Konfliktsituationen, in denen Geschichte ausschnitthaft in den Horizont der Schülerinnen und Schüler hereingeholt wird. Sie setzen sich dort mit eigenen Motivationen, mit selbständigem Denken und Tun in Beziehung zu Ereignissen aus der Vergangenheit. Da das Arrangement des Rollenspiels den agierenden Personen Anstrengungen abverlangt, z.B. Interessen zu verdeutlichen und durchzusetzen, ja Zwänge auferlegt, die von außerhalb der Spielaktionen stammen (z.B. historische: die Tochter des Bauern Hoffmann kann nicht selbst entscheiden, wen oder wann sie heiraten will), ist das Handeln aus eigener Initiative oft mit Konfrontation und dadurch mit emotionaler Betroffenheit verbunden. Doch gerade der Nachvollzug historischer Erfahrungen eröffnet Wege des Verstehens und ermöglicht damit historische Erkenntnis, eine wichtige Voraussetzung, um auch heutige Probleme aus ihrer geschichtlichen Verankerung heraus zu hinterfragen. Die rein kognitive Wissensvermittlung im traditionellen Geschichtsunterricht vermag dieses Erkenntnisziel oft nicht zu erreichen, da zusammengetragene Resultate historischer Wirklichkeit nur Abstraktionen des eigentlichen Geschehens darstellen. Gerade durch die lebendige, handelnde Aneignung geschichtlicher Erfahrungen kann sich historische Vorstellungskraft entwickeln.

Die Situation der Schüler/innen im Rollenspiel

Die Schülerinnen und Schüler benötigen keine besonderen Qualitäten und Eigenschaften, um eine fiktive, konfliktgeladene Situation durchzustehen. Sie werden spielend viele Möglichkeiten für sich entdecken und diese im Rahmen ihrer Rolle entfalten. Die Rolle ist zwar klar bestimmt, in ihrem Charakter deutlich umrissen, die Spielstrategien vorgegeben, doch die Spielenden agieren bis zuletzt in eigener Regie. Die gemeinsamen Bemühungen in der Konfliktbewältigung werden zeigen, wie vielschichtig und manchmal auch schwierig das Aufspüren von gegenseitig akzeptierten Lösungswegen ist.
Die Szenen werden mit subjektiven Deutungen und Interpretationen angereichert sein; emotionale Konflikte mit Mitschülern und Mitschülerinnen können sich zusätzlich als Spannungsmomente entladen. Im Rollenspiel reden die Personen nicht nur über eine Sache, sondern sie stellen Verhalten dar. Sie benutzen den Raum, um sich in Szene zu setzen, und bedienen sich der Sprache ihres Körpers, um gewissen Absichten Ausdruck zu verleihen; das heißt auch, daß Gefühle wachgerufen und bewußter wahrgenommen werden.
Die Spielenden erleben sich in ihren Ängsten und Schwächen und erfahren dadurch vielleicht, daß gemeinsames Tun wichtiger ist als eine gelungene Selbstdarstellung.
Unerläßlich ist, daß sich die Schülerinnen und Schüler durch die Vorgaben zum Spiel (Spielausgangslage, Rollenbeschreibungen) in eine Problemsituation mit Entscheidungszwang versetzt sehen, wobei der Prozeß der Entscheidung gespielt wird. Historische Personen oder Gruppen stehen im Konflikt zueinander, wichtige Fragen müssen gestellt und Antworten gesucht werden, um der Problemlage eine Lösung abzuringen. Das hat Konsequenzen für die Auswahl der Inhalte. Nur Situationen lassen sich spielen, nicht abstrakte Resultate historischer Erkenntnisprozesse. Das Material muß eine Vorstellung ermöglichen, die der Alltagssituation der Spielenden entspricht.
Die Schülerinnen und Schüler sollen sich ein Bild machen können, so daß sie mit Hilfe ihrer persönlichen Lebenserfahrung die ihnen im Spiel begegnende geschichtliche Situation gestalten und ausfüllen können. Sie haben in der Vorbereitungsphase des Spiels historisches Wissen erworben und werden nun Daten und Fakten spieldynamisch so verarbeiten, daß sie aufgrund ihres gegenwärtigen Empfindens die historische Rolle mit den eigenen Haltungen und Einsichten überformen. Sie beziehen sich damit nicht nur auf Geschichte, sondern auch auf ihre eigene Realität. Die historische Wirklichkeit einer Situation und die subjektive Befindlichkeit der Spielenden durchdringen sich gegenseitig. Das hat Konsequenzen für die Auswertung einer Spielsequenz. Es entsteht sehr schnell die Frage, ob die Schülerinnen und Schüler historisch argumentiert haben oder heutige Situationen in unangemessener Weise auf die Spielsituation übertragen worden sind. Wenn dies so ist, kann das nur Anlaß dafür sein, im Auswertungsgespräch solche Fehler auf- bzw. abzuarbeiten. In der Regel hat das Spiel Zuschauerinnen und Zuschauer; diesen kommt dann die Rolle zu, Unstimmigkeiten wahrzunehmen (im voraus er-

teilte Beobachtungsaufgaben), damit sie anschließend im Rahmen einer Nachbesprechung geklärt werden können. Die fiktiven Entwürfe der Schülerinnen und Schüler müssen sich also der Sachkritik stellen; sie werden eventuell variiert oder gegebenenfalls auch neu konzipiert, damit sie den historischen Fakten nicht widersprechen. Dies kann ein Grund dafür sein, einen zweiten Durchgang des Spiels zu initiieren. Dabei können und sollen Rollen gewechselt werden. Erst so werden neue Varianten eines Lösungsweges entstehen. Es darf nicht der Eindruck erweckt werden, daß nur eine Lösung richtig ist oder etwa eine perfekte Lösung das Endprodukt einer Spielphase sein soll. Die Vielfalt der möglichen Spielstrategien aufgrund veränderter Rollenzuschreibungen lassen menschliches Handeln in seiner Unterschiedlichkeit bewußt werden, auch abhängig von harten Gegensätzen der sozialen Wirklichkeit, wie z. B. Regierende und Regierte, Freunde und Feinde, Starke und Schwache usw. Gerade hier kann die Spielende oder der Spieler nachfühlen, wie eine Handlung durch die Umwelt beeinflußt und eine Haltung von ihr geprägt wird.

Jede konstruierte Spielsituation bedeutet für die agierenden Schülerinnen und Schüler sehr schnell eine Als-ob-Situation mit Ernstcharakter, wenn die Identifikation mit der Rolle gelungen ist. Nicht die dargestellte Wirklichkeit der Szene, sondern die erlebten Gefühle gewinnen an Realität und lassen für die Spielenden den Versuch der Bewältigung einer Rolle mehr oder weniger gelungen erscheinen. Deshalb ist es wichtig, daß sich die Schülerinnen und Schüler bei der Auswertung eines Spieldurchgangs auch psychisch entlasten können, indem sie Gelegenheit haben, mitzuteilen, wie reizvoll oder schwierig sie ihre Rolle erlebt haben. In solchen Gesprächen ergeben sich oft auch wieder neue spielstrategische Überlegungen, um einen weiteren Gestaltungsversuch zu wagen. Somit kann die Reflexionsphase an dieser Stelle wiederum Motivation für ein neues Spiel erzeugen.

In der Fortführung der Unterrichtseinheit ist es dann nur folgerichtig, die tatsächliche Entwicklung des historischen Geschehens den Spielergebnissen gegenüberzustellen, z. B. „Hitler und die Münchner Konferenz“: Wird er die geplante Annektion des Sudetenlandes gegenüber den Westmächten durchsetzen können? Diese Fragestellung ist die Ausgangslage der Konfliktsituation. Die Schülerinnen und Schüler kennen bei Konferenzbeginn weder die eigentliche Entscheidung der Westmächte noch die sich daran anschließende Ereigniskette der Außenpolitik Hitlers. Erst nach dem Abschluß der Rollenspielphase wird diese Gegenstand des Unterrichts sein.

Die veränderte Lehrerrolle

Zuletzt noch einige Anmerkungen zur Rolle der Lehrerin bzw. des Lehrers als Spielleiter/in.
Bei der Vorbereitung des Spiels, angefangen bei der Auswahl der Spielerinnen und Spieler, der Bereitstellung von Rollenkarten und Requisiten, der Strukturierung der Spielszene und der Vorbereitung des Spielraums kommt den Lehrerinnen und Lehrern eine sehr wichtige Aufgabe zu, während ihnen bei der Durchführung selbst nur eine beobachtende Rolle zugeschrieben, d.h. weitgehende Zurückhaltung abverlangt wird.
Jedes Eingreifen in das Spiel würde die Spieldynamik unterbrechen; es sei denn die Lehrerin (der Lehrer) kann unterstützend wirken, indem sie in eine neu erfundene, zusätzliche Rolle schlüpft und dadurch die Aufmerksamkeit auf sich zieht, um in schwierigen Situationen lenkend einzuwirken.
Erst in der Auswertungsphase hängt das Gelingen wieder stark von der Lehrerpersönlichkeit ab. Hier ist es wichtig, daß der Weg der Problemlösung von der Lehrerin oder dem Lehrer toleriert wird, also moralische und stilistische Wertungen unterbleiben. Sie oder er läßt die Beobachter und Spieler berichten und regt das kritische Gespräch der Schülerinnen und Schüler an.
Beispiele: Würdet ihr diese Rolle genauso spielen? Glaubt ihr, daß das in Wirklichkeit so war? Wie könnte man die Rolle auch anders spielen? Vielleicht frech, spöttisch, ängstlich, waghalsig usw.
Das Rollenspiel im Geschichtsunterricht ist nur eine von vielen Möglichkeiten in der Wahl des Unterrichtsverfahrens. Als Hinführung zum spielenden Umgang mit Unterrichtsinhalten ist es wichtig, nach Vorformen im Schulalltag zu suchen, um Schülerinnen und Schülern den ungehinderten Zugang zu dieser neuen Aktionsform zu ermöglichen. Wie oft gibt der Unterricht Gelegenheit, Schülerinnen und Schülern aktive Rollen zu übertragen, sei es als Teilnehmer/innen eines Gesprächs in einer Gruppe, bei der eine wichtige Entscheidung getroffen werden muß oder als Interviewer/in, der oder die eine bedeutende Persönlichkeit zu einem Problem befragt.
Auch selbst erstellte Dialoge entsprechen dieser Zielsetzung. Sie sind denkbar in Partnerarbeit, wobei Fragen und Antworten notiert und anschließend der Klasse vorgestellt werden (siehe hierzu Unterrichtsbeispiel 5, Die Französische Revolution).
Der kreative und damit oft spielerische Umgang mit geschichtlichen Stoffen ist vielfach möglich und sollte von uns Lehrerinnen und Lehrern immer wieder neu genutzt werden.

Kriterien für die Gestaltung einer Rollenspielsituation

- Das Problem muß für die Schülerinnen und Schüler überschaubar sein.
- Die Identifikation mit den Rollen muß gewährleistet sein. Die Schülerinnen und Schüler befinden sich in einer „historischen" Situation, können aber auch gegenwärtige individuelle Erfahrungen einbringen.
- Die Situation aus der Alltagsgeschichte sollte in Beziehung zur politischen Geschichte stehen, d.h. historische Daten und Fakten werden verarbeitet.
- Die Spielszene muß eine echte Problemsituation mit Entscheidungszwang aufweisen, wobei der *Prozeß* der Entscheidung gespielt wird.
- Die Rollenbeschreibungen (Rollenkarten) müssen für die Schülerinnen und Schüler schnell erfaßbar und ins Spiel umsetzbar sein.
- Die Dauer eines Rollenspiels wird in der Regel zehn bis 15 Minuten ausmachen. Ein zweiter (variierter) Spieldurchgang ist wünschenswert.
- Die Hinführung zum Spiel (z.B. eine Lehrererzählung mit offenem Ausgang) muß genau mit der Spielszene abgestimmt sein.
- Eröffnung und Abschluß des Rollenspiels müssen abgesprochen sein (evtl. Signal, Hinweis von außen).
- Die vereinfachte Darstellung komplexer Verhältnisse ist oft unumgänglich. Die Entscheidung darüber sollte am Gesamtzusammenhang gemessen werden (didaktische Reduktion).
- Historische Gegebenheiten spiegeln sich an bestimmten Personen. Argumentationsketten entwickeln sich über angedeutete Fakten und entzünden sich an Widersprüchen (angelegt im Text der Rollenkarten).

1 Die Reformversuche des Tiberius Gracchus in Rom (133–132 v. Chr.)

Rollenspiel – Klasse 6/7

Inhaltliche Aspekte

Unterrichtseinheit:	– der Untergang der römischen Republik, der Beginn der Bürgerkriege
Vorkenntnisse:	– die Eroberungspolitik Roms im Mittelmeerraum und die Rückwirkungen auf die Republik – der Beginn der sozialen Krise
Im Rollenspiel thematisierte Aspekte:	– das Absinken der Kleinbauern ins Proletariat – die Reformidee des Tiberius Gracchus („Ackergesetz“) – die Interessen des Senats – das Klientelverhältnis gegenüber der Nobilität – die Wahl und politische Funktion eines Volkstribun – der Konflikt mit der römischen Verfassung

Durchführung des Spiels

Zeitaufwand:	eine Einzelstunde und eine Doppelstunde
Organisatorische Überlegungen:	– Klassenraum als Spielort – Alle Schüler/innen sind am Spiel beteiligt: Einzelrollen = zwei Mädchen, fünf Jungen; Rollen in Kleingruppen à vier Teilnehmer/innen = acht bis zwölf Mädchen, vier bis acht Jungen. – Ausführliche Rollenbeschreibungen für die Spielerinnen und Spieler (siehe **M 2–20**). – Einfache Kostümierungen bzw. Requisiten (z. B. Schuhkarton als Wahlurne) können von den Schüler/innen besorgt werden.

Anmerkung

Zur Kleidung der Römerinnen und Römer folgende Hinweise: In vielen Schülerlehrbüchern gibt es ausreichend Bildmaterial, vereinzelt auch Textpassagen, um sich eine Vorstellung von der römischen Mode zu machen.
Besonders hilfreich können die hier genannten Bücher sein: „So kleidete man sich im alten Rom“ (Anziehpuppen) aus: Spurensuche Geschichte, Bd. 1 (Hg. Peter Koch), Klett Stuttgart 1990, S. 71 ff.;
Anne Millard, Das war Rom, Otto Maier Verlag Ravensburg 1982, S. 16–19;
Geschichte mit Pfiff, Zustände wie im alten Rom, 10/1979;
Geschichte mit Pfiff, Frauen im alten Rom, 5/1994.

1. Unterrichtsstunde: <u>Hinführung zur Spielsituation/Rollenverteilung</u>

Wichtige Informationen für die Schüler/innen:
„Heute ist Wahltag in Rom. Die Volksversammlung tritt zusammen, um über den neuen Volkstribun abzustimmen …“
(Erläuterungen zur Volksversammlung, zu den wahlberechtigten Bürgern, zur Bedeutung der Volkstribunen, Dauer ihrer Amtszeit usw.)

<u>Kurzinformation über Tiberius Gracchus:</u>
Tiberius Gracchus ist seit einem Jahr Volkstribun (133–132 v. Chr.). Er hat begonnen, eine grundlegende Agrarreform („Ackergesetz“) mit Zustimmung der Volksversammlung durchzuführen. Doch seine Amtszeit ist nun zu Ende und die Landverteilung an die Kleinbauern längst noch nicht abgeschlossen. Aus Sorge um das Wohlergehen der Bauern ist er bereit, gegen die Verfassung zu handeln und sich zur Wiederwahl zu stellen. Die Senatoren sind empört und stellen sich gegen die ganze Reform. Heute, am Wahltag, herrscht angespannte Stimmung in Rom. Wie wird die Volksversammlung abstimmen, für oder gegen Tiberius Gracchus?
Ihr sollt euch nun selbst informieren, wie die Leute in Rom darüber denken.
Hinweise auf das bevorstehende Spiel mit abschließender Abstimmung in der Volksversammlung (nächste Stunde).

Rollenverteilung

Kurze Skizzierung der Aufgaben: Einzelrollen, Rollen in Kleingruppen mit vier Teilnehmer/innen

Die Einzelrollen

eine Sprecherin
Mutter Cornelia

Tiberius Gracchus
Konsul Lucullus
Volkstribun Aemilius
ein römischer Beamter
ein Priester

Die Gruppen

Vier Senatoren
Quintus/Lucius/Isodorus/Caecilius

Vier Kleinbauern	
Paulus – Tagelöhner	Valerius
Lucas – Kleinbauer	Augustus
Marius – Kolone (Pächter)	Sextus
Claudius – Sklavenaufseher	Titus

Die Frauen der Handwerker und Proletarier	
Metella – Frau eines Schmieds	Aemilia/Caecilia
Julia – Frau eines Tischlers	Sabrina/Benita
Turia – Frau eines Proletariers	Paula/Lucia
Antonia – Frau eines Proletariers	Maria/Claudia

Die zusätzlichen Namen sind für weitere Gruppen gedacht, wenn diese aufgrund der Klassengröße nötig sind.

Die Schüler/innen lesen ihre Rollenbeschreibung und stellen ihre Rollentexte als Hausaufgabe zusammen (siehe **M 1**).
Der römische Beamte, der Priester, der Volkstribun Aemilius und der Konsul Lucullus bereiten sich mündlich auf ihre Aufgaben vor.

2. Unterrichtsstunde: (Doppelstunde)	Durchführung des Rollenspiels in sechs Szenen, danach die Wahl des Volkstribun.
1. Szene des Spiels:	Gespräch zwischen Mutter Cornelia und Sohn Tiberius in der Villa. Die Mutter mahnt ihren Sohn, die Bestimmungen der Verfassung einzuhalten und die Tradition der alten Römer zu wahren. Tiberius legt seinen Standpunkt dar.
2. Szene des Spiels:	Die Gruppe der vier Senatoren überlegt in einer heftigen Diskussion, was man tun kann, um die Wiederwahl des Tiberius Gracchus zu verhindern. Die Vorwürfe reichen von Verfassungsbruch bis Streben nach Alleinherrschaft.
3. Szene des Spiels:	Die Gruppe (eventuell zwei bis drei Gruppen à vier Personen) der Handwerkersfrauen und Proletarierinnen sitzen zusammen und beratschlagen, ob man Tiberius Gracchus noch einmal zum Volkstribun wählen kann. Sie wollen ihren Männern, die wahlberechtigte Bürger von Rom sind, einen Wahlvorschlag machen.
4. Szene des Spiels:	Die Gruppe (eventuell zwei Gruppen à vier Personen) der ehemaligen Kleinbauern, die ebenfalls wahlberechtigte Bürger von Rom sind, erörtern ihre Situation. Sie hoffen auf die Vorteile des Ackergesetzes, wissen aber auch um die Verfassungswidrigkeit einer Wiederwahl von Tiberius Gracchus.
	<u>Die Vorbereitung und Durchführung der Volksabstimmung („Wahl"):</u>
5. Szene des Spiels:	Tiberius hält eine Rede an die Volksversammlung (Platz vor dem Jupitertempel).
6. Szene des Spiels:	Der Konsul eröffnet die Wahl: Der römische Beamte und der Priester sprechen für ihre Durchführung. Der Konsul verteilt die Stimmzettel (Ja/Nein-Stimmen) an die wahlberechtigten Bürger und läßt abstimmen. Er sammelt die Stimmzettel (Wahlurne) wieder ein, zählt aus (Wahlhelfer) und läßt das Ergebnis anschreiben. Er verkündet das Abstimmungsergebnis. Eventuell tritt der Volkstribun Aemilius auf und legt sein Veto ein.

Nach Beendigung des Spiels: Vergleich des Wahlvorgangs mit dem historischen Verlauf: Störung der Wahl durch die Senatoren, Aufruhr, gewalttätiges Eingreifen (mit Hilfe der Klienten), Tiberius Gracchus wird brutal zu Tode gebracht, mehr als 300 Tote, Verhinderung der Wahl ...
(dazu Quelle: Plutarch, Tiberius Gracchus, Kap. 19 f., zit. in: Unsere Geschichte, Bd. 1, Diesterweg Frankfurt/M. 1984, S. 77)

Allgemeine Hinweise zur Spielsituation

Die Person des Tiberius Gracchus sollte von einem geistig beweglichen und redegewandten Schüler gespielt werden. Die Rolle verlangt in der ersten Szene überlegtes Argumentieren und in der fünften Szene eine „feurige" und mitreißende Rede an die Volksversammlung, deren Text ja auch vom Spieler selbst entworfen wird.
Die wichtigste weibliche Rolle ist die der Mutter Cornelia. Auch hier sollte eine Schülerin spielen, die in der Lage ist, ihre Überzeugung deutlich zu vertreten. Das Fehlen weiterer natürlicher weiblicher Rollen wird ausgeglichen durch die Verlagerung der Interessen der Handwerker und Proletarier auf deren Ehefrauen. Sie spielen fiktiv die Ratgeberinnen ihrer wahlberechtigten Männer und erarbeiten einen wohl überlegten Wahlvorschlag.
Diese Gruppe kann zwei- oder dreimal parallel gespielt werden (allerdings mit neuen Namen), falls die Klassenfrequenz das verlangt.
Darüberhinaus hat die Sprecherin für die Zwischentexte eine wichtige Aufgabe. Sie stellt die Übergänge zwischen den einzelnen Szenen durch ihr Lesen oder freies Sprechen her.
Die Rollen des römischen Beamten, des Priesters und des Volkstribuns Aemilius sind eher anspruchslos, verlangen auch keine eigens hergestellten Texte.
Als Jungenrolle von weiterer Bedeutung ist die des Konsul Lucullus. Auch hier sollte ein Junge spielen, der der leitenden Aufgabe (Durchführung der Wahl) gewachsen ist.
In Konfliktsituationen, die Entscheidungen erforderlich machen, befinden sich außer Tiberius vor allem die Teilnehmer/innen der verschiedenen Gruppen, die sich für oder gegen Tiberius aussprechen müssen.

Bei der Durchführung der Abstimmung („Wahl"), wo es nur um die Abgabe von Ja- oder Neinstimmen geht, muß daran gedacht werden, wer wahlberechtigt ist, also der Volksversammlung angehört: es sind die Kleinbauern, die Handwerker und Proletarier. Die Frauen schlüpfen in Männerkleidung und geben ihre Stimme ab. Dabei wird die gesellschaftliche Stellung der Frau im alten Rom zwangsläufig deutlich, eventuell sogar Ausgangspunkt für eine längere Diskussion. Die Senatoren und alle anderen dürfen an der Wahl nicht teilnehmen.

Das Spiel endet mit der Verkündung des Abstimmungsergebnisses. Interessant ist in der letzten Phase, ob der Volkstribun Aemilius sein Veto einlegt. Da die Neugierde auf das Ergebnis innerhalb der Klasse meist groß ist, vielleicht lautstark gejubelt oder Empörung geäußert wird, muß der Konsul dafür sorgen, daß das Volk zur Ruhe kommt, wenn Aemilius seinen Auftritt vor der Volksversammlung wünscht.

Hier im Überblick noch einmal die jeweilige Tendenz der Rolle (vorgegeben in den Rollenbeschreibungen, siehe **M 3–20**):

Die Senatoren

Name	Position	Handlungsebene
Quintus	(gegen Ackergesetz/ Verfassungsbruch)	Volkstribun Aemilius ansprechen
Lucius	(gegen Ackergesetz/ Verfassungsbruch)	Volkstribun Aemilius bestechen
Isodorus	(gegen Ackergesetz/ Verfassungsbruch)	Tiberius zum Tode verurteilen
Caecilius	(für Ackergesetz/ aber Verfassungsbruch)	etwas gemeinsam überlegen

Die Kleinbauern

Name	derzeitige Tätigkeit	mögliches Abstimmungsverhalten
Paulus	Tagelöhner	ja
Lucas	Kleinbauer	ja/nein
Marius	Kolone (Pächter)	ja
Claudius	Sklavenaufseher	ja

Die Frauen der Handwerker und Proletarier

Name	nähere Bezeichnung	mögliches Abstimmungsverhalten
Metella	Frau eines Schmieds	ja
Julia	Frau eines Tischlers	ja/nein
Turia	Frau eines Proletariers	ja/nein
Antonia	Frau eines Proletariers	nein

Es hat sich als hilfreich erwiesen, allen Spieler/innen ein Namensschild zu geben (an die Kleidung zu heften oder auch umzuhängen), z.B. „Metella, Frau eines Schmieds“ oder „Caecilius, Senator“. Die Vielfalt der Rollen und Aufgaben ist groß, wodurch leicht Unklarheit in der Kompetenzverteilung entstehen kann.

Wenn möglich, empfiehlt sich eine Videoaufzeichnung, um das Spiel für alle Beteiligten sichtbar zu machen. Zusätzlich erhöht dies die Spannung während der Durchführung. Auch für die Auswertung kann der Film hilfreich sein.
Die Konfrontation mit den historischen Fakten, den tatsächlichen Ereignissen in der Volksversammlung (132 v. Chr.), dem Ende des Tiberius, auch der Hinweis auf das Wirken seines Bruders Gajus Gracchus, sollte am Ende dieser Doppelstunde stattfinden, damit die Schüler/innen klar unterscheiden können zwischen Spiel und Wirklichkeit.

2 Die Kaiserkrönung Karls des Großen

Szenische Darstellung (Stegreifspiel) – Klasse 7/8

Inhaltliche Aspekte

Unterrichtseinheit:	– das Frankenreich, die Zeit Karls des Großen
Vorkenntnisse:	– die Machtübernahme Karls des Großen (768) – die Ausdehnung des Frankenreiches (Unterwerfung der Sachsen, die Eroberung des Langobardenreiches, usw.).
Im Stegreifspiel thematisierter Schwerpunkt:	– die Krönungszeremonie und das Verhältnis von Kaiser und Papst

Durchführung des Spiels

Zeitaufwand:	eine Unterrichtsstunde
Organisatorische Überlegungen:	– Klassenraum als Spielort – Neun Spieler, drei Leserinnen; alle übrigen Schüler/innen sind Zuschauer/innen als „Menge des Volkes". – Einfache Kostümierung bzw. Requisiten werden von den Schüler/innen mitgebracht (Kaiserkrone, Schwert, Zepter, „Pferd", Tiara des Papstes, Krummstab, größeres Kruzifix, zwei Leuchter, Schriftrolle mit Text des Erzkanzlers: „Karl, dem Erhabenen, ...", alte Gardinen als Gewänder für Kaiser, Papst, Bischöfe usw.). – Musikausschnitt auf Tonkassette (feierliche Bläsermusik, z.B. aus „Wasser- oder Feuerwerksmusik" [Händel] oder „Voluntary Trumpet" [Jeremias Clark] oder Ausschnitt aus „Capriccio Italien" [Tschaikowski] oder ähnliches).

Gliederung der Unterrichtsstunde

1. Schritt der Stunde:	Hinführung zum Spiel durch Lehrerinformation über die Bedeutung des Kaisertums im Unterschied zum Königtum, Rolle des Papstes, Rom als Ort der Krönungszeremonie usw.
2. Schritt der Stunde:	Vorbereitung des Stegreifspiels: Verteilung der Rollen, Gestaltung der Szenerie, Ablauf der darzustellenden Sequenzen wird besprochen.
3. Schritt der Stunde:	Durchführung des Spiels

Durchführung des Spiels

Der Ablauf des Spiels richtet sich nach der Textvorlage („aus den Reichsannalen", siehe **M 2**):

- Einzug Karls des Großen (zu Pferde) in Rom mit Gefolge: Königsboten, Grafen
- Niederknien am Grab des Apostels Petrus (Messe)
- Krönung durch Papst Leo III.
- Zuruf des „Erzkanzlers"
- Huldigung des Papstes durch Kniefall
- Huldigung der Geistlichen (Bischöfe) und des kaiserlichen Gefolges durch Kniefall
- Volk ruft: „Es lebe KAISER KARL!"

Spieler	Leserinnen
Karl der Große	1. Leserin
Erzkanzler	
2 Königsboten	2. Leserin
2 Grafen	
Papst Leo III.	3. Leserin
2 Bischöfe	(Textabschnitt jeweils vorlesen – dann Zeit lassen zum Spielen)

Zur Gestaltung der Szenerie

Der Klassenraum sollte in der Mitte eine größere Spielfläche aufweisen, d.h. die Tische sind zur Seite geräumt, die Schüler/innen sitzen im halboffenen Stuhlkreis.

1. Leserin
Karl der Große reitet zu Pferd (das Pferd wird meist gern von einem Schüler gespielt) mit seinem Gefolge von draußen in den Klassenraum ein. Dabei ertönt feierliche Musik (vom Band). Der königliche Zug dreht eine Runde im Klassenraum, kommt dann zum Stehen. Von einer anderen Seite zieht ihm der Papst mit den Bischöfen entgegen und verharrt in gebührendem Abstand.

2. Leserin
Karl der Große kniet vor dem Grab des Apostels Petrus (Kirchenraum von St. Peter symbolisch durch ein Kruzifix und zwei Leuchter angedeutet), spricht ein stummes Gebet und erhebt sich wieder, nimmt den Platz auf seinem Thron ein.
Der Papst tritt hinzu und setzt dem König die Krone auf.

Der Erzkanzler
Der Erzkanzler liest dann feierlich, mit kräftiger Stimme von seiner Schriftrolle den „Jubelruf“ (**M 3**) vor, gestisch entsprechend untermalt.

3. Leserin
Der Papst fällt auf die Knie, huldigt dem neuen Kaiser mit folgenden Worten: „Dir Karl, Kaiser von Gottes Gnaden, König der Langobarden, sei Heil beschert!“
Das Volk ruft: „Es lebe Kaiser Karl!“
Der neu gekrönte Kaiser zieht feierlich mit seinem Gefolge zum Klassenraum hinaus (Musik).

Es hat sich immer wieder als günstig erwiesen, das „Schauspiel“ mit Videokamera aufzuzeichnen. Das bewirkt eine positive Anspannung bei den Schüler/innen und läßt sie konzentrierter spielen. Denkbar ist ein Probedurchlauf mit eventuellen Unterbrechungen für Verbesserungsvorschläge, danach wird das Spiel in einem Durchgang dargestellt und filmisch festgehalten. Somit kann es auch für alle Schüler/innen anschließend sichtbar gemacht werden.

Allgemeine Hinweise zur Spielsituation

Das hier vorgestellte Spiel fügt sich in den Rahmen der Imitationsspiele als *Stegreifspiel* ein. Es weckt die Ausdrucksfreude der Kinder, verlangt keine anspruchsvollen sprachlichen Beiträge und erhält seine Spieldynamik allein durch den vorgegebenen Spielplan des Textes aus den Reichsannalen.
Den Hauptfiguren aus dem Text, Kaiser und Papst, sind weitere erfundene Personen hinzugefügt worden, um möglichst viele Schüler/innen am Spiel zu beteiligen. Die Rollen dieser Spielszene sind durchweg männliche, so daß sich die Schüler einer Klasse angesprochen fühlen werden. Die Mädchen sind daher benachteiligt

und sollten deshalb mit der wichtigen Aufgabe des Lesens betraut werden. Zusätzlich denkbar ist die Besetzung einiger männlicher Rollen durch Mädchen.
Die didaktische Begründung für die Veranschaulichung der Krönungszeremonie ergibt sich zweifach: Einmal ist unserer nüchternen Zeit das Erleben und Gestalten von Zeremonien mehr oder weniger abhanden gekommen, das Bedürfnis der Kinder und Jugendlichen danach aber groß. Zum anderen wird ein Stück historischen Verstehens angebahnt, indem das hier deutliche Verhältnis vom Papst zum Kaiser als ein eher untergeordnetes später lebhaft erinnert und verglichen werden kann mit den veränderten päpstlichen Ansprüchen Gregors des VII. zur Zeit des Investiturstreites mit Heinrich dem IV.
Der spielerischen Auseinandersetzung mit dem Quellentext der Reichsannalen schließt sich die gedanklich, kritische Betrachtung des Quellenabschnitts aus Einhards „Leben Karls des Großen“ vorteilhaft an. Der Textvergleich ermöglicht einfache Einblicke in die „Objektivität“ von Geschichtsschreibung (**M 1**).

3 „Ein Fall für den Marktrichter". Markttag in einer mittelalterlichen Stadt (um 1250)

Rollenspiel – Klasse 7/8

Inhaltliche Aspekte

Unterichtseinheit:	– die Entwicklung der Stadt im Mittelalter
Vorkenntnisse:	– die Entstehung der mittelalterlichen Städte (eventuell auch: Alltag und Sozialstruktur in einer mittelalterlichen Stadt)
Im Rollenspiel thematisierte Aspekte:	– der Markt in seiner wirtschaftlichen Funktion: Warenaustausch zwischen Stadt und Land – die Marktordnung zur Absicherung der wirtschaftlichen Interessen der Stadt und ihrer Bürger – Regulierung des Marktgeschehens durch das Marktrecht: einfache Gerichtsbarkeit

Durchführung des Spiels

Zeitaufwand:	zwei Einzelstunden
Organisatorische Überlegungen:	– Klassenraum als Spielort – Acht Spielerinnen und Spieler; alle übrigen Schüler/innen sind Zuschauer/innen mit Beobachtungsaufgaben. – Ausführliche Rollenbeschreibungen für die Spieler/innen (**M 4** bis **M 11**). – Einfache Kostümierung bzw. Requisiten können von den Schüler/innen besorgt werden.
1. Unterrichtsstunde:	– Hinführung zum Spiel durch eine Lehrererzählung (**M 1**). – Herausarbeiten des Konflikts und Besprechen und Verteilen der Rollen.

2. Unterrichtsstunde:

- Durchführung des Rollenspiels (evtl. zwei Durchgänge mit neuer Besetzung bzw. alternativer Konfliktlösung)
- Spieldauer ca. zehn bis 20 Minuten, daran anschließend die Auswertungsphase

Allgemeine Hinweise zur Spielsituation

Eine Bäuerin kommt mit dem Torwächter der nahegelegenen Stadt in Konflikt, als sie – wie gewohnt – ihre Waren auf dem Markt verkaufen will. Sie wird vom Marktbüttel wegen rechtswidrigen Verhaltens abgeführt und zum Marktrichter gebracht, der nach den Zeugenaussagen des Torwächters, des Büttels und zweier Mägde das Urteil aufgrund der geltenden Marktordnung spricht.

Die Spielszene enthält eine schwierige Entscheidungssituation für den Marktrichter, was den Prozeß der Entscheidungsfindung erschwert, da sich beide, der Torwächter und die Bäuerin falsch verhalten haben.
Zur Lösung des Konflikts (siehe Marktordnung **M 3** und erläuternder Text für den Marktrichter **M 6**):
a) Der Torwächter muß alle Bauern aus der Umgebung ohne Kontrolle in die Stadt hineinlassen! Er darf keinen Zoll verlangen!
b) Die Bäuerin darf nicht außerhalb des öffentlichen Marktes verkaufen (siehe Marktordnung: Punkt 10)

Die Spielerinnen und Spieler haben sich mit Hilfe der Rollenkarten intensiv mit ihrer Rolle auseinandergesetzt (Hausaufgabe), sie wissen, wer sie sind. Es empfiehlt sich, die Szenerie vor Spielbeginn noch einmal durchzusprechen (siehe Spielplan, S. 25).
Eröffnung des Spiels: siehe Rollenkarte Marktbüttel Hannes (**M 9**).
Der Büttel schleppt die Bäuerin zum Marktrichter und berichtet.
Spielende: siehe Rollenkarte Marktrichter Jakob (**M 6**).
Der Richter verkündet das Urteil und schließt die Verhandlung.

Wenn möglich, wäre eine Videoaufzeichnung sinnvoll, um das Ergebnis auch für die Beteiligten anschließend sichtbar zu machen. Zusätzlich erhöht dies die Spannung während des Spiels. Auch für die Auswertungsphase kann der Videofilm hilfreich sein.

Spielplan

Rollenspiel
Ein Fall für den Marktrichter

Lehrererzählung (**M1**) ⟶ Konflikt beschreiben lassen

Konflikt

Bäuerin (mit Sohn, acht Jahre)

streitet und beschimpft Torwächter, verkauft dann vor dem Stadttor

↓

zwei Mägde sprechen für die Bäuerin

Torwächter

verbietet Zugang durch das Stadttor und verlangt Zoll

↓

Büttel

sieht Bäuerin und führt sie ab zum Marktrichter, … berichtet

Spiel ⟶ Szene beim Marktrichter (Entscheidung über die Konfliktsituation)

Marktrichter (mit Schreiber)

- verhört die Angeklagte (Bäuerin) und die Zeugen (Torwächter, Büttel)
- evtl. die beiden Mägde

= spricht das Urteil (aufgrund der Marktordnung!)

Die Schülerinnen und Schüler spielen die Szene beim Marktrichter in acht verschiedenen Rollen:
Marktrichter Jakob mit Gerichtsschreiber Friedhelm
Marktbüttel Hannes, Torwächter Dietrich
Bäuerin Adelheid mit Sohn Konrad
Zwei Mägde (Anna und Liese)
Die Bedeutung des Markttages für eine mittelalterliche Stadt ist in der ersten Stunde ansatzweise beschrieben worden. Der Konflikt zwischen der Bäuerin und dem Torwächter wird im Unterichtsgespräch deutlich herausgearbeitet, erste Vermutungen einer Lösung geäußert, aber die eigentliche Konfliktlösung ergibt sich erst aus dem Rollenspiel selbst, also in der zweiten Stunde.

Auswertung des Spiels

Beobachtungsaufgaben für die übrigen Schüler/innen

Auf der Sachebene:
Die Schüler/innen sollen nach Ablauf des Rollenspiels berichten können, aufgrund welcher Bestimmungen der Marktordnung sich verschiedene Personen „falsch“ verhalten haben.
Also: Wer war im Recht? Der Torwächter oder die Bäuerin? Was sagt die Marktordnung darüber aus?

Mögliche Fragen an die Spieler/innen:
Wie ist es euch ergangen im Spiel? Gab es Stellen, wo ihr Schwierigkeiten hattet? Welcher Teil der Rolle war besonders gut zu spielen? ...

Fragen an die Schüler/innen:
Würdet ihr die Rolle des Richters, der Bäuerin ... genauso spielen? Wer würde die Bäuerin gerne einmal selbstbewußt/schimpfend/unterwürfig ... spielen? Die Rolle des Torwächters frech/wichtigtuerisch/ängstlich ...?

Fragen auf der Inhaltsebene:
Glaubt ihr, daß es damals wirklich so war?
Beispiele aufgreifen, die als Übertragungen aus der heutigen Zeit in die Welt des Mittelalters falsch sind. Zum Beispiel: Der Richter schaut auf seine Armbanduhr ... und ähnliches.

Mögliche Hausaufgabe:
Alle Schüler/innen erhalten die Marktordnung und werten sie nach bestimmten Kriterien aus.

Beispiele:

– Was war damals erlaubt, was war verboten?
– Welche Bestimmungen sind heutzutage undenkbar? Usw.

4 Die Zeit der Erfindungen, Entdeckungen und Eroberungen

Quartettspiel, Memoryspiel – Klasse 7/8

Inhaltliche Aspekte

Bei den Quartetten „Neue Waren von Europa“ und „Überseehandel zwischen Amerika und Europa“ ist es wichtig zu wissen, daß die Kaffeepflanze ursprünglich aus Äthiopien stammt, später nach Arabien (15. Jh.) eingeführt wurde und sich erst in der zweiten Hälfte des 18. Jahrhunderts über große Gebiete Südamerikas ausgebreitet hat. Ähnlich sieht es mit der Zuckerrohrpflanze aus. Ihre Heimat ist Südostasien. Im 7. bis 9. Jahrhundert verbreiteten sie die Araber bis in die Mittelmeerländer. Mit den Entdeckungsfahrten kam sie nach Mexiko und Brasilien, nach Nordamerika erst nach 1700.
Auch die Baumwolle wurde als Nutzpflanze in Europa durch die Araber eingeführt und gelangte erst zu Beginn der Neuzeit nach Amerika. Der Anbau ist nur möglich zwischen 41° nördlicher Breite und 36° südlicher Breite, so daß die Südstaaten der USA, wo bis heute rund ein Drittel der Welternte gewonnen wird, ideale klimatische Verhältnisse bieten.

Allgemeine Hinweise zur Spielsituation

Das vorliegende Quartett hat die didaktische Funktion eines Übungs- und Lernspiels. Es hat lehrhaften Charakter. Übungsspiele werden im Unterricht in der Regel nicht als Selbstzweck eingebracht, sondern stehen im Zusammenhang mit bestimmten Lernprozessen.
Das nachstehend beschriebene Quartettspiel findet seinen sinnvollen Einsatz am Ende einer Unterrichtseinheit. Die Schülerinnen und Schüler können hier ihr Wissen und Können anwenden und vertiefen, teilweise auch Neues dazulernen.
Zur Vorbereitung einer Lernerfolgskontrolle bietet sich das Spielen in der unmittelbar davorliegenden Stunde an. Der geschichtliche Stoff wird wiederholt, indem Begriffe, Ereignisse und Personen zeitlich richtig zugeordnet und memoriert werden.
Ein Spieldurchgang dauert durchschnittlich zehn bis 15 Minuten. Dazu kommt die Vorbereitungsphase, in der die Spielregeln eingeführt werden. Es kann auch bei einem Quartettspiel nicht davon ausgegangen werden, daß alle Mädchen und Jungen dieses schon aus eigener Spielpraxis kennen. Deswegen müssen die Regeln in einer verständlichen Sprache vorgegeben werden, damit der Spielverlauf durchschaubar ist.

Während das Spiel abläuft, greift die Lehrerin oder der Lehrer meist nicht ein. Vielleicht wird sie/er nach einer Spielregel gefragt, muß bei auftretenden Streitigkeiten klärend helfen oder bei einer fachlichen Frage Auskunft geben.
Da sie/er während der Durchführung des Spiels im Hintergrund bleibt, ist genügend Zeit vorhanden, um sich über die Auswirkungen des Spielverlaufs klar zu werden. Es sollen ja bei diesem Spiel Kenntnisse gefestigt und soziale Beziehungen in der Klasse verbessert werden. Offen bleibt immer noch die schwer zu beantwortende Frage nach dem, was denn nun eigentlich gelernt wird. Die Antwort kann nicht eindeutig gegeben werden. Der Wissenszuwachs ist in manchen Spielgruppen geradezu erstaunlich, besonders was Lerngruppen betrifft, die eigentlich als leistungsschwach gelten. Man sollte seine Beobachtungen auf einzelne Schüler/innen richten. Immer wieder stellt man fest, daß gewöhnlich stille Schüler/innen diesmal ganz besonders bei der Sache waren oder die Spielsituation insgesamt einen solchen Motivationsschub für die Inhalte und das ganze Fach erbracht hat, daß zumindest der pädagogische Nutzeffekt einer Spielstunde für den Geschichtsunterricht klar auf der Hand liegt.

Zur Herstellung der Quartettkarten

Die Kopiervorlagen (**M 1** bis **M 12** = 12 mal vier Karten) können auf bunte Pappen mittlerer Stärke (DIN A4) kopiert werden, eventuell um zehn bis 20 Prozent verkleinern. Die einzelnen Spielkarten wären auszuschneiden.
Es müssen bei einer Klassenfrequenz von 28 bis 30 Schüler/innen mindestens fünf (bei sechs Spielern pro Runde) bzw. sieben Kartenspiele (bei vier Spielern pro Runde) vorhanden sein.

Spielanleitung

Das Quartettspiel besteht aus 48 Karten, d. h. zwölf Quartetten. Die günstigste Teilnehmerzahl ist vier, doch können es auch drei oder maximal sechs Personen sein.
Die Karten werden gemischt und innerhalb der Gruppe gleichmäßig an alle verteilt. Dabei kann der erste Geber durch Los ermittelt werden. Dieser gibt die Karten verdeckt und einzeln im Sinne des Uhrzeigers aus.
Jeder muß nun versuchen, die zu einem Quartett gehörenden Karten (gleiche Überschriften) zu bekommen. Der links vom Geber beginnende Spieler fragt einen beliebigen anderen nach einer ihm fehlenden Karte. Hat dieser sie, muß er sie aushändigen. Der Fragende kann so lange weiterfragen, bis er an einen Spieler kommt, der die fehlende Karte *nicht* hat. Dann darf *dieser* Spieler die Runde durch erneutes Fragen fortsetzen. Vollzählige Quartette werden abgelegt. Gewonnen hat, wer zum Schluß die meisten Quartette besitzt. Bei mehreren Spielrunden gibt es für jedes Quartett einen Punkt, so daß der endgültige Sieger erst am Schluß feststeht.

Um die Spannung zu erhöhen, ist die eine oder andere Regelerweiterung denkbar. Die Lehrerin oder der Lehrer sollte hierbei den Schüler/innen die Festlegung der Regeln freistellen. Die folgende zusätzliche Spielvereinbarung verfeinert und erschwert die Spielweise. Sie sollte deswegen vor Beginn der ersten Runde abgesprochen werden. Sie lautet: Auch wenn ein Spieler keine der vier Quartettkarten auf der Hand hat, darf er nach den üblichen Regeln abfragen, also „räubern".
Die Spielgruppen werden zu unterschiedlichen Zeiten fertig sein. Hier wäre eine weitere Spielrunde angesagt, um neben dem zusätzlichen Übungseffekt die Gewinnchancen neu zu verteilen.

Memoryspiel

Eine zusätzliche Nutzung des vorliegenden Quartettspiels ist der Einsatz als Memoryspiel. Die vorhandenen Spielkarten werden zweigeteilt (siehe **M 13–20**), so daß eine Bildkarte und eine Textkarte entstehen. Die insgesamt 2 mal 48 Kärtchen werden gut gemischt und in der Mitte des Spieltisches verdeckt karreeförmig ausgelegt. Jeder Spieler darf nun reihum zwei aufdecken. Gehören sie zusammen, kann der Spieler sie behalten und im Spiel fortfahren. Ansonsten werden die Kärtchen zurückgelegt. Wer zum Schluß die meisten Paare hat, ist Gewinner dieser Spielrunde. Denkbar ist auch, daß wegen der hohen Anzahl der Kärtchen (96) jeweils drei zur gleichen Zeit aufgedeckt werden. Ist das dritte Kärtchen richtig, darf der Spieler ein weiteres aufnehmen. Erst dann fährt der nächste Spieler fort. Oder man reduziert die Anzahl der Pärchen auf z. B. 48 Stück (24 mal Bild und 24 mal Text) und spielt Memory in gewohnter Form.
Bei Lerngruppen mittlerer oder schwacher Leistung können auch erst alle Kärtchen offen auf den Tisch gelegt werden. Reihum werden je zwei Kärtchen zusammengebracht. Der Spieler erkärt der Gruppe die Zusammengehörigkeit der Paare. Über die Richtigkeit entscheiden die Mitspieler. Erst danach beginnt die eigentliche Spielrunde.
Eine weitere Spielform wäre die folgenden Variante:
Die Schüler/innen spielen zu viert in der Runde. Jede/r erhält einen DIN A4 „Bilderbogen" mit zwölf Einzelbildern (siehe **M 13–16**). Die dazugehörigen Textkärtchen (**M 17–20**) liegen verdeckt in der Mitte des Tisches und müssen reihum einzeln aufgedeckt werden. Hat man ein passendes Kärtchen gefunden, darf dieses dem Bilderbogen zugeordnet werden. Soll der erfolgreiche Spieler fortfahren dürfen, wäre dies vorher zu vereinbaren. Wer seine Textkärtchen zuerst vervollständigt hat, ist Gewinner dieser Runde.
Diese Form des Spielens kann sehr gut als Vorbereitung zum eigentlichen Quartettspiel genutzt werden, so daß eine gewisse Vertrautheit mit den Spielkarten entsteht und somit die Fülle der Informationen in zwei Spieletappen (zwei Unterrichtsstunden) aufgenommen und verarbeitet werden kann.

5 Friedrich der Große – Manufakturen in Preußen (um 1770)

Eine Bildgeschichte spielen, Hörspiel – Klasse 8/9

Inhaltliche Aspekte

Die vorliegende Art von *Bildarbeit* baut auf einer gestaltpädagogisch orientierten Arbeitsweise auf, die es Schülerinnen und Schülern ermöglicht, sich mit historischen Personen zu identifizieren und in Gedanken phantasierte Szenerien lebendig werden zu lassen. Sie schreiben eigene „Geschichten" zu einem Bild, eingebettet in einen vorgegebenen historischen Kontext, angereichert mit Fakten und problemorientierten Aspekten. Hierbei wird das Erlernte verknüpft mit dem Erleben vorgestellter Personen. Die damit verbundene gedankliche und gefühlsmäßige Durchdringung eines historischen Sachverhalts läßt eine eigene Anschauung geschichtlicher Lebenswelten entstehen. Die Schreibenden werden sich ein Bild machen von vergangenen Ereignissen und Lebenszusammenhängen. Durch die Identifikation mit einer ausgewählten Persönlichkeit oder Person bringen sie eigene Haltungen und Wertmaßstäbe ein. Sie werden lernen, authentische Fragen an die Geschichte zu stellen, die einem echten Bedürfnis nach Information entspringen. Dem üblichen Bemühen der Geschichtslehrerin oder des Geschichtslehrers nach einer Veranschaulichung historischer Gegebenheiten steht hier die Aufforderung entgegen, sich selbst an dem Versuch zu engagieren, von einem Stück Vergangenheit eine Vorstellung zu gewinnen.

Durch das hier ausgewählte Bild werden die Schülerinnen und Schüler visuell mit einer Situation konfrontiert, die einlädt zum Erfinden und Gestalten eines Dialogs. Thematisch zeigt die Federzeichnung (um 1850 entstanden) von Adolph Menzel den Besuch oder besser die Inspektion Friedrichs II. in einer preußischen Wollmanufaktur. Die historisierende Darstellung des „alten Fritz", die eher aus der Mitte des 19. Jahrhunderts spricht als für die eigentliche Regierungszeit Friedrichs des Großen, wird hier nicht thematisiert, kann aber als zusätzlicher Aspekt der *Historienmalerei* reflektiert werden.
Wichtig für die Auswahl dieses Bildes ist unter anderem die Tatsache, daß hier eine Frau als Handlungsträgerin vorhanden ist, die in ihrer Bedeutung als Gesprächspartnerin dem König nicht nachsteht. Denn auch die Mädchen sollen bei jeder Rollenvergabe die Möglichkeit haben, sich in einer weiblichen Figur wiederzufinden, die in der Wichtigkeit mit der männlichen gleichrangig ist.
Es hat sich immer wieder gezeigt, daß gerade Mädchen mit dieser Arbeitsweise die Chance gerne aufgreifen, sich am Geschichtsunterricht aktiv zu beteiligen: Oft wird die Passivität gerade von Schülerinnen bezüglich der unterrichtlichen Mitar-

beit beklagt. Hier werden sich stille Schülerinnen und Schüler eher angesprochen und stimuliert fühlen, ihren Beitrag zum Unterrichtsgeschehen beizusteuern.
Die Entwicklung des Manufakturwesens im friderizianischen Preußen müßte im Unterricht behandelt worden sein. Die Schülerinnen und Schüler kennen die Merkmale einer Manufaktur, d.h. die unterschiedliche Arbeitsweise zum Handwerksbetrieb (und des Verlagswesens), die wirtschaftliche Bedeutung gerade für Preußen und die sich ankündigenden vorindustriellen Produktionsverhältnisse. Sie haben auch Probleme der sozialen Auswirkungen der Manufakturbetriebe für die Beschäftigten erarbeitet. Aspekte wie unfreie Arbeit, Arbeitsteilung, Lohnarbeit, Hierarchisierung der Arbeitskräfte, vorgeschriebene Arbeitszeiten, Trennung von Arbeit und Wohnung, Disziplinierung durch Manufakturordnungen usw. sind wahlweise angesprochen worden.
Die hier beschriebene *Bildarbeit* läßt sich didaktisch sinnvoll in der Wiederholungs- und Sicherungsphase dieser Unterrichtseinheit durchführen. Die Lernenden können das erworbenen Faktenwissen in ihre *Bildgeschichte* einbringen und sich erneut in beschreibender, kritischer oder menschlich einfühlsamer Weise mit dem Unterrichtsstoff auseinandersetzten. Sie werden Geschichte aus einer völlig anderen Perspektive neu entdecken. Sehr schnell werden Fragen der Alltagsgeschichte, hier soziale Probleme im Widerstreit mit den harten Bedingungen wirtschaftlicher Umstrukturierungen, zum Thema gemacht. Vom üblichen Beschreiben dieser Fakten gelangen die Schüler/innen sehr schnell zum eigenen Erleben in der hier vorgestellten Weise.

Methodische Vorgehensweise

Einführungsphase: Eine eher konventionelle Bildbetrachtung (Bild auf Folie, OH-Projektor) führt die Schülerinnen und Schüler zur Auseinandersetzung mit dieser Darstellung. Wichtige Fakten (Manufakturwesen, Rolle des Königs usw.) werden wiederholt und somit für die Verarbeitung in der *Bildgeschichte* reaktiviert.

Projektionsphase: Mit der Fragestellung: Was passiert auf diesem Bild? wird das Augenmerk der Beobachtenden auf das aktuelle Geschehen das Bildes, d.h. auf den dynamischen Aspekt der Szenerie gelenkt. Durch entsprechende Impulse werden die Schülerinnen und Schüler ihre Phantasie spielen lassen, Vermutungen äußern, Ideen entwickeln und bestimmte Personen (z.B. der König im Gespräch mit der Arbeiterin, der Manufakturbesitzer die Aufmerksamkeit des Königs erheischend, der königliche Inspektor seinen Gedanken und Beobachtungen nachgehend usw.) „zum Sprechen bringen".
Weitere mögliche Fragestellungen wären: Was könnte der König zu der Frau gerade gesagt haben? Hat die Wollspinnerin vielleicht etwas mitzuteilen, eventuell eine Beschwerde? Ist gestern in der Manufaktur etwas passiert? Was will der Manufakturbesitzer sagen? Was denkt der königliche Inspektor? Die Arbeiterin vorn

im Bild hört gespannt zu. Welche Gekanken könnten ihr durch den Kopf gehen? Wie ist überhaupt die Atmosphäre in dem Manufakturgebäude während des königlichen Besuches? Welche Geräusche hört man, wie riecht es in dem Raum? Ist es warm oder kalt? Wieviele Arbeitsstunden liegen hinter den Menschen, hatten sie heute schon eine Mittagspause, überhaupt etwas zu essen?
Mit solchen oder ähnlichen Überlegungen projizieren die Schülerinnen und Schüler eigene Erfahrungen, Einstellungen, Wünsche und Ängste auf die Personen im Bild.

Identifikationsphase: In der folgenden Phase der *Bildarbeit* werden die Schülerinnen und Schüler aufgefordert, für die Hauptfiguren Namen zu erfinden: neben dem König die sprechende Wollspinnerin dazu die Arbeiterin vorn rechts im Bild, der Manufakturbesitzer, eventuell auch der königliche Inspektor (ein Adliger). Die Namen werden verbindlich auf der Folie eingetragen. Nun bietet es sich an, ein *Standbild* aufzubauen, d. h. zwei Schüler/innen stellen die Wollspinnerin und den „alten Fritz" pantomimisch vor der Klasse dar, in Auftritt und Körperhaltung eng an die Darstellung des Bildes angelehnt. Hierdurch kann der emotionalen Befindlichkeit der beiden Hauptfiguren noch einmal lebendig nachgespürt werden. Die Spielenden schildern anschließend kurz, wie sie sich in ihrer Rolle erlebt haben: der König selbstsicher, fordernd, gebieterisch ...?, die Wollspinnerin ängstlich, hilflos, bedrängt ...?
Danach sollen die Schülerinnen und Schüler sich in Partnerarbeit zusammentun und in die Rollen der Dialogführenden (König und Wollspinnerin) schlüpfen. Sie entscheiden für sich, wer Friedrich der Große ist und wer „Margarete Lohmeyer" (Name als Beispiel). Die Aufgabe lautet, einen ausführlichen Dialog zu entwikkeln, also ein längeres Gespräch zwischen den beiden Hauptfiguren. Inwieweit die übrigen Personen auf dem Bild einbezogen werden, bleibt den Schreibenden überlassen. Die Arbeit beginnt mit einer ersten Konzentrationsphase, für die sogenannte *Wahrnehmungshilfen* (**M 2** und **M 3**) an die jeweiligen Gesprächspartner verteilt werden können, falls die Lehrerin oder der Lehrer diese für notwendig erachten. In der Regel sind die Schüler/innen so gut eingestimmt, daß mit dem Schreiben spontan begonnen werden kann.

<u>Zum Beispiel</u>
Friedrich II.: „Guten Tag, meine Liebe, wie geht's heute mit der Arbeit?"
Margarete Lohmeyer: „Gott zum Gruß, verehrter König, mit der Spinnerei ..."
Die Schülerinnen und Schüler entwickeln den Dialog wechselseitig, so daß neue Impulse der Gesprächsführung von beiden Seiten eingebracht werden können. Jeder muß auf die Aussage des anderen reagieren. Eine einfache Form wäre das Erstellen von Fragen und Antworten. Hilfreich ist oft die Vorgabe der Gesprächsform an der Tafel, zumindest um den Einstieg zu erleichtern (siehe oben).

Möglichkeiten der Auswertung (als Übergang zur Reflektionsphase)

A Einzelne Dialoge werden von den Schülerinnen und Schülern vor der Klasse vorgelesen.
B Einige Schülerinnen und Schüler erhalten die Aufgabe, ihre Dialoge zuhause auf Tonkassette zu sprechen (freiwillig), die Aufnahme wird in der folgenden Stunde vorgespielt.
Die Weiterentwicklung zu einem Hörspiel bietet sich hier in besonderer Weise an. Es können Geräusche verwendet und musikalische Untermalungen eingespielt werden. Der differenzierte Einsatz der eigenen Stimme sollte besondere Berücksichtigung finden. Ein zusätzlicher Erzähler kann einen einleitenden Text sprechen, Zwischentexte einbauen und abschließende Worte finden.
C Je 3 mal 2 Schülerinnen und Schüler setzen sich in einer Gruppe zusammen, lesen sich gegenseitig ihre Dialoge vor und entscheiden nach eigens aufgestellten Kriterien, welchen Dialog sie den Mitschüler/innen präsentieren wollen. Aus allen Gruppen wird dann je ein Dialog vor der Klasse vorgetragen. Die Verfasser/innen können nach Wunsch ungenannt bleiben. Das wäre dann besonders wichtig, wenn man die Autor/innen erraten lassen will oder für den besten Dialog eine kleine Belohnung aussetzt.
D Zwei Schüler/innen bauen wieder ein Standbild auf (wie oben). Den Dialog dazu lesen zwei weitere Schüler/innen wechselseitig vor. Nach jedem Satz entsteht eine Sprechpause, damit die Pantomimen sich in Gestik und Mimik entsprechend dazu bewegen können. Eine einfache Kostümierung (Dreispitz aus Papier gefaltet, Stock, eventuell auch Stiefel für den König, eine Schürze für die Wollspinnerin) erhöht die Spielfreude aller Beteiligten.
E Zwei Schüler/innen spielen den Mitschülerinnen und Mitschülern ihren Dialog vor. Sie richten die Szenerie vor der Klasse so ein, daß sie der bildlichen Darstellung möglichst genau entspricht. Das bedeutet, daß Statisten wie der Manufakturbesitzer, der königliche Inspektor und die Arbeiterin rechts im Vordergrund zusätzlich in stummen Rollen auftreten.
Welche der fünf Möglichkeiten ausgewählt wird, hängt, wie immer, stark von der jeweiligen Lerngruppe ab.

Übertragungsmöglichkeiten

Dieses Unterrichtsverfahren ist leicht übertragbar auf andere Bilder und Themen. Eine Gesprächssituation kann künstlich hergestellt werden, indem man zum Beispiel eine Reporterin oder einen Reporter an eine Person des Bildes herantreten läßt, um mit dieser ein Interview zu führen.
Die Intensität, mit der sich Schülerinnen und Schüler hier einer geschichtlichen Problemsituation stellen, ist in konventionellen Unterrichtsstunden meist nicht erreichbar. Die *Kontaktfläche* zwischen Subjekt und Objekt des Lernprozesses ist so groß, daß in der Regel sehr lebendige Auseinandersetzungen stattfinden. Hier

werden Phantasie und Ratio der Lernenden zugleich aktiviert. Erst wenn beides zusammenkommt, wird der Akt des historischen Verstehens ermöglicht.
Wie bei einem Rollenspiel muß in der Reflektionsphase die Frage der Anachronismen, wenn nötig, gestellt werden, so daß historisch unhaltbare Aussagen in der Auswertungsphase problematisiert und damit korrigiert werden.

Die spielerischen, kreativen Momente dieses methodischen Ansatzes ergeben sich zweifach: Einmal können die Schülerinnen und Schüler in der Projektions- und besonders in der Identifikationsphase ihre Phantasie spielen lassen. In einem abgesteckten Rahmen (Bildvorgabe, historischer Hintergrund) ist alles erlaubt, somit werden die schöpferischen Kräfte des Erfindens und Gestaltens voll zur Geltung kommen.
Zum anderen werden in der Auswertungsphase schauspielerische Fähigkeiten, also die Lust am sich Darstellen und Produzieren gefördert, ob nun über die differenzierte sprachliche Wiedergabe, die Pantomime, die szenische Darstellung oder das produktive Gestalten über ein Hörspiel ist der Entscheidung der Schüler/innen und Lehrer/innen selbst vorbehalten.
Diese Art der *Bildarbeit* bietet sich auch als vorteilhaft an, um eine Klasse an Rollenspiele jeglicher Art heranzuführen. Die erforderlichen Kenntnisse über den zu spielenden Sachverhalt sind aufgrund der Vorbereitung vorhanden. Durch das Entwickeln des Dialogs hat jede/r ihren/seinen Rollentext selbst geschrieben, so daß das Spielen im Vordergrund stehen kann. Da ab einer bestimmten Altersstufe der Jugendlichen (ab 13 bis 14 Jahren) gewisse Hemmungen vorhanden sind, sich zu repräsentieren, sind hier mit Absicht verschiedene Wege vorgeschlagen worden, sich beim Darstellen auch wieder verstecken zu können, so zum Beispiel beim Dialog sprechen auf Kassette, beim Hörspiel, bei jeder Art von Pantomime (Standbild), bei der Zweiteilung von Spielen und Sprechen und bei der Möglichkeit, den Dialog von anderen vortragen zu lassen. (Auch das laute Vorlesen macht einigen Schüler/innen schon Schwierigkeiten).
Zum eigentlichen Rollenspiel fehlt bei diesem Beispiel die Konfliktsituation mit Entscheidungszwang. Doch das Geschehen auf dem Bild könnte sogar in der Dialogisierung auf einen Konflikt hin zugespitzt werden. Damit wäre der Rahmen für ein echtes Rollenspiel gegeben.

6 Die Französische Revolution (1789)

Lernkartei und Frage- und Antwortspiel – Klasse 8/9

Lernkartei

Um den Unterrichtsstoff einer vorausgehenden Unterrichtseinheit zu wiederholen und Faktenwissen zu festigen, bietet sich die Lernkartei als besonders geeignetes Übungsmedium für die Hand der Schüler/innen an, hier dargestellt am Beispiel der „Französischen Revolution 1789".
Der prinzipielle Aufbau sieht folgendermaßen aus: Auf Karteikarten erscheint auf der Vorderseite eine Frage, die auf der Rückseite beantwortet wird. Die Kopiervorlagen (**M 1–5**) müssen an der gestrichelten Linie gefaltet werden.

Ein Beispiel:
Vorderseite: Welches Ereignis gilt als der Beginn der Französischen Revolution?
Rückseite: Die Erstürmung der Bastille (Staatsgefängnis in Paris) am 14. Juli 1789!

Der Fragenkatalog einer Lernkartei muß natürlich lerngruppenorientiert erstellt werden. Das hier gezeigte Beispiel soll nur deutlich machen, wie eine solche Kartei aussehen könnte.
Für eine Unterrichtseinheit werden ca. 20 Fragen und Antworten entwickelt und auf 20 Karteikarten übertragen. Je zwei Schüler/innen in der Klasse erhalten eine Lernkartei, so daß ca. 15 Lernkarteien hergestellt werden müssen.
Das Wiederholen geschieht in Partnerarbeit. Die Schüler/innen teilen sich je zehn Karten zu, lernen den Stoff in ca. zehn bis 15 Minuten und fragen sich dann gegenseitig ab; d.h. Schüler/in A erhält die Karten von Schüler/in B, fragt sie /ihn ab und kann dabei selbst kontrollieren (Rückseite), ob die Antwort jeweils stimmt. Gleichzeitig erfährt und lernt sie/er etwas über den Stoffanteil, den sie/er noch nicht wiederholt hat. Danach werden die Rollen getauscht. Schüler/in B gibt ihre/seine Karten an A und beginnt mit dem Abfragen.
Wichtiges Prinzip dabei ist, daß alle Karten, die richtig beantwortet wurden, zur Seite gelegt werden und nur die Fragen neu gestellt werden, die noch nicht eindeutig in der Antwort waren.
Diese Art des Wiederholens macht den Schüler/innen in der Regel Spaß und gibt ihnen außerdem einen Überblick über das, was in einer schriftlichen Überprüfung Thema sein könnte. Denn sinnvollerweise läßt sich aus dem Potential des Fragenkatalogs mit Leichtigkeit eine Lernerfolgskontrolle entwickeln und durchführen. Die Bereitschaft, zu Hause die Fragen und Antworten zu bearbeiten, ist bei dieser Arbeitsweise auffallend groß. Denn im Gegensatz zur sonstigen Unklarheit für die persönliche Vorbereitung eines Tests ist hier für die Schüler/innen ein deutli-

cher Rahmen abgesteckt. Das Ergebnis schlägt sich nieder in einem Plus an Wissen bei der abschließenden schriftlichen Arbeit.

Frage- und Antwortspiel

Doch es muß nicht immer eine schriftliche Lernkontrolle sein. Auch auf spielerische Weise läßt sich Unterrichtsstoff wiederholen und festigen. Der folgende Vorschlag entspricht zum einen den Absichten von Lehrer/innen, Leistungskontrollen durchzuführen, zum anderen den Bedürfnissen von Schüler/innen, dieses ohne individuellen Druck, dafür aber mit Freude am Gewinnen zu machen.
Gemeint ist hier ein Frage- und Antwortspiel, das dem „Großen Preis“, bekannt als Unterhaltungsquiz im Fernsehen, entspricht.
Am vorausgegangenen Fragenkatalog (Lernkartei) zum Thema „Französische Revolution 1789“ soll hier die Durchführung des Spiels skizziert werden.

Vorbereitung

Die Fragen zum Unterrichtsstoff werden in vier (bis sechs) verschiedene Schwierigkeitsgrade unterteilt. Es gibt z. B. einfache Fragen zu je zehn Punkten, die zu 20 Punkten sind etwas anspruchsvoller, die zu 30 und 40 Punkten erfordern schon höhere Denk- und Merkfähigkeiten. Für jeden Schwierigkeitsgrad gibt es ungefähr fünf mögliche Fragen, so daß insgesamt wieder ca. 20 Fragen gebildet werden müssen.
Die Spielleiterin bzw. der Spielleiter (in der Regel die Lehrerin oder der Lehrer) besitzt den Fragenkatalog.
Zum Thema „Die Französische Revolution“ wäre beispielsweise eine Untergliederung der Fragen in vier Bereiche gut denkbar.
An der Tafel erscheint eine tabellenartige Übersicht mit den Punktefeldern zum Wegstreichen. Die Schüler/innen dürfen ihre Punktzahl frei wählen, solange der Vorrat reicht.

Punktefeld

10	20 = J	30 (R)	40
10	20	30	40
10 (R)	20	30	40 = J
10	20	30	40 (R)
10 = J	20 (R)	30	40

Nur der Fragenkatalog (in der Hand der Spielleitung) enthält zusätzliche „Risiko-Fragen", d. h. auf dem Punktefeld (für die Schüler/innen nicht sichtbar) ist in jeder senkrechten Spalte in einem beliebigen Feld ein „R" eingetragen. Bei der zufälligen Wahl einer „Risiko-Frage" kann die Schülerin bzw. der Schüler die Punktzahl neu bestimmen, entweder die für die Frage vorgesehenen oder maximal die auf dem Gruppenkonto vorhandene. Bei richtiger Antwort werden die gesetzten Punkte verdoppelt, bei falscher Antwort von der Gesamtpunktzahl der Gruppe abgezogen.
Eine weitere Variante ist der Einbau von Jokern, vorschlagsweise drei insgesamt, die an jeweils einer Stelle des Fragenkatalogs plaziert werden (siehe Tabelle). Bei der für die Schüler/innen wieder unsichtbaren Wahl einer „Joker-Frage" werden die Punkte ohne Frage und Antwort für die Gruppe addiert.

Spielverlauf/Spielregeln

Die Klasse wird in zwei etwa gleichstarke Gruppen geteilt, die gegeneinander spielen (am einfachsten entsprechend der Sitzordnung, jedoch möglichst ausgeglichen vom Wissensstand her).
Eine Schülerin bzw. ein Schüler streicht die gewählten Fragenfelder auf der Tafel ab, eine andere bzw. ein anderer notiert die Punkte an einer Seitentafel und hält die gesetzte Punktzahl bei „Risiko-Fragen" fest.
Das Los entscheidet, welche Gruppe beginnen darf. Eine Schülerin bzw. ein Schüler benennt ein Punktfeld, die Spielleiterin bzw. der Spielleiter stellt die dazugehörige Frage und läßt bei richtiger Antwort die Punkte aufschreiben. Kann eine Frage nicht oder nur falsch beantwortet werden, wird sie umgehend an die andere Gruppe zur Beantwortung freigegeben.
Die Gruppen kommen immer abwechselnd dran, bis alle Fragen vergeben sind. Nur vollständig und richtig beantwortete Fragen werden gezählt, die Spielleiterin bzw. der Spielleiter entscheidet über die Gültigkeit der Antwort. Sie/er läßt sich eventuell von einem vorher ausgewählten Schiedsrichter beraten.
Wird innerhalb der Gruppe, die zu antworten hat, vorgesagt, so gibt es keinen Punkt. Die noch nicht beantwortete Frage geht über zur anderen Gruppe. Auf die Einhaltung der Regel sollte streng geachtet werden, damit der störungfreie Ablauf des Spiels garantiert ist.

<u>Regelerschwernis:</u>
Alle Schüler/innen müssen zumindest einmal eine Frage ausgewählt haben. Erst dann können andere Schüler/innen wiederholt antworten.

Erfahrungsgemäß machen solche spielerischen Wissensüberprüfungen großen Spaß. Die Lehrerin bzw. der Lehrer erfährt sehr genau, welche Schüler/innen viel oder wenig gelernt haben, wie gut der Unterricht war oder wie schwierig es für manche Schüler/innen ist, komplexe Sachverhalte richtig wiederzugeben.
Die ausgewählten Fragen und Antworten können natürlich nur dem tatsächlich behandelten Unterrichtsstoff entnommen sein. Die hier vorgestellten Beispiele sollen das Gestaltungsprinzip verdeutlichen.

7 Die Bauernbefreiung in Preußen (1810/11) „Was tun? Die Familie Hoffmann muß sich entscheiden."

Rollenspiel – Klasse 8/9

Inhaltliche Aspekte

Unterrichtseinheit:	– die preußischen Reformen (Stein/Hardenberg)
Vorkenntnisse:	– Inhalt der Reformgesetze, insbesondere die Aufhebung der Erbuntertänigkeit der Bauern 1807 (Recht auf persönliche Freiheit und Freizügigkeit) – Einführung der Gewerbefreiheit 1810 – Regulierungsgesetze (Bodenreform ab 1811)
Im Rollenspiel thematisierte Aspekte:	– die Bedeutung der Reformgesetze und ihre Folgen für den bäuerlichen Alltag nach dem 11. November 1810 – die Situation der „freien" Bauern zwischen Verarmung und wirtschaftlichem Aufschwung – neue Möglichkeiten durch Freizügigkeit und Gewerbefreiheit für die junge Generation

Durchführung des Spiels

Die Gesetze zur Bauernbefreiung in Preußen 1810/11 sind in Kraft getreten.

Spielszene A: Der Bauer Heinrich Hoffmann hat keine Abgaben mehr an den Gutsherrn geleistet. Heute kommt der Gutsverwalter vom nahe gelegenen Herrenhof und will wie eh und je den Feldzehnt (fünf Säcke Korn) abholen. Der Gutsherr hat die neuen Gesetze ignoriert, erkennt ihren Inhalt auch nicht an.

Bauer Heinrich argumentiert gegen die dreiste Forderung des Verwalters. Es entwickelt sich ein Streit, in dem die beiden versuchen, ihre jeweiligen Interessen durchzusetzen.

Spielszene B: Gespräch am Mittagstisch

Innerhalb der Familie Hoffmann (Mutter, Vater, Sohn Philipp, Sohn Willi, Tochter Else, Tochter Johanna und Großvater Theodor Hoffmann) entwickelt sich eine Diskussion darüber, ob man a) den neuen Gesetzen trauen kann und b) wie man die Zukunft des Bauernhofes gestalten will.

Wie unterschiedlich konservative und progressive Ansichten vertreten werden, ergibt sich aus den Rollenbeschreibungen.

Zeitaufwand: zwei Unterrichtsstunden (evtl. eine Einzelstunde/eine Doppelstunde)

Organisatorische Überlegungen:

- neun Spielerinnen und Spieler; alle übrigen Schüler/innen sind Zuschauer/innen mit Beobachtungsaufgaben (siehe S. 42)
- ausführliche Rollenbeschreibungen für die Spieler/innen (siehe **M 1–9**)
- einfache Kostümierung bzw. Requisiten werden von den Spieler/innen besorgt
- Klassenraum als Spielort
- „Bauernhof“ (Ort im Klassenraum markieren, Nähe der Tür günstig)
- Szene am Mittagstisch (Küche mit Herd, Eßtisch: Plätze für sieben Personen); Spielraum abgrenzen

1. Unterrichtsstunde: Wiederholung: Bedeutung des „Oktoberedikts“ von 1807, Einführung der Gewerbefreiheit 1810 und Bodenreform nach 1811

Wichtig: Keine Vorwegnahme der tatsächlichen Entwicklung im Agrarbereich, es geht nur um die inhaltlichen Aussagen der Gesetze!

Fragestellung: In dem folgenden Rollenspiel soll herausgefunden werden, ob sich die neue Situation für die Bauern zum Vor- oder Nachteil verändert hat.

- Skizzierung der Spielsituation
- Besprechen und Verteilen der Rollen

Vorbereitende Gruppenarbeit (je acht Schüler/innen)

Die Schüler/innen lesen ihre Rollenbeschreibungen und teilen der Gruppe mit, wer sie sind und was sie im Spiel erreichen müssen. Die anderen Gruppenmitglieder stellen gegebenenfalls Fragen und machen Vorschläge, wie man die einzelnen Rollen spielen kann.

2. Unterrichtsstunde: (günstig als Doppelstunde)	Durchführung des Rollenspiels (mehrere Durchgänge mit jeweils neuer Besetzung; wenn möglich, sollten die Gruppen, die noch nicht spielen, außerhalb des Klassenraumes warten, um Imitationen im Spiel zu vermeiden) – Spieldauer ca. zehn bis 15 Minuten – vor Beginn: Verteilung der Beobachtungsaufgaben – nach Spielende: Auswertungsphase

Allgemeine Hinweise zur Spielsituation

Die Konzeption des Spiels macht einen „starken Bauern Hoffmann" erforderlich. Dem Spieler wird in beiden Szenen sowohl gründliches Argumentieren als auch ein hohes Maß an Emotionalität abverlangt. Im Gespräch am Mittagstisch muß der Familienvater für sich zu einer Entscheidung kommen, wie es auf dem Hof in Zukunft weitergehen soll.
Die Spielerinnen und Spieler haben sich aufgrund der Gruppenarbeit der vorhergehenden Stunde intensiv mit ihrer Rolle auseinandergesetzt, diese zu Hause gründlich studiert, so daß sie wissen, wer sie sind und welche Interessen sie zu vertreten haben.

Eröffnung der Spielszene A: Der Gutsverwalter Hannes klopft an das Tor, tritt polternd herein, stellt seine Forderungen ...
Der Bauer Hoffmann hält ihm entgegen, ...
Beendigung der Spielszene A: Der Bauer jagt den Gutsverwalter von seinem Hof.
Eröffnung der Spielszene B: Bauer Hoffmann kommt in die Küche, setzt sich an den Mittagstisch und erzählt der Familie vom eben erlebten Streit ...
Die einzelnen Familienmitglieder vertreten ihre Ansichten und Interessen.
Beendigung der Spielszene B: Der Knecht August ruft zum Aufbruch, es geht hinaus zur Feldarbeit ...

Wenn möglich, wäre eine Videoaufnahme sinnvoll, um das Ergebnis auch für die Beteiligten anschließend sichtbar zu machen. Zusätzlich erhöht dies die Spannung während des Spiels. Auch für die Auswertung kann der Videofilm hilfreich sein.

Auswertung des Spiels

Beobachtungsaufgaben für die übrigen Schüler/innen der Klasse auf der Sachebene:
Die Schüler/innen sollen nach Ablauf des Rollenspiels berichten können, ob die einzelnen Familienmitglieder gemäß dem Inhalt der Gesetze richtig argumentiert haben: Haben wichtige Aspekte im Begründungszusammenhang gefehlt, hätten andere Argumente hilfreich sein können?

Fragen auf der Inhaltsebene:
Glaubt ihr, daß das Gespräch in Wirklichkeit so hätte ablaufen können?
Dabei sollten Beispiele aufgegriffen werden, die als Übertragungen aus der heutigen Zeit in den Beginn des 19. Jahrhunderts falsch sind. Zum Beispiel: Bauer Hoffmann schlägt vor, einen neuen Traktor anzuschaffen ... und ähnliches.

Mögliche Fragen an die Spieler/innen:
Wie ist es euch ergangen im Spiel? Gab es Stellen, wo ihr Schwierigkeiten hattet? Welcher Teil der Rolle war besonders gut zu spielen, welcher weniger gut ...
Mögliche Fragen an die anderen Schüler/innen:
Würdet ihr die Rolle des Vaters, der Mutter, der Tochter Else ... genauso spielen? Wer würde den älteren Sohn, den Großvater ... gerne einmal wichtigtuerisch, nörgelnd, laut schimpfend ... spielen?
Und die Rolle der Mutter selbstbewußt, die der jüngeren Tochter frech, unterwürfig, altklug ...

Mögliche Hausaufgabe:
Die Schüler/innen informieren sich über die tatsächliche Entwicklung der wirtschaftlichen und sozialen Verhältnisse der Bauern in Deutschland bis zur Mitte des 19. Jahrhunderts.

Rollenspiel

Was tun? Die Familie Hoffmann muß sich entscheiden.

Teil A: Streitgespräch zwischen

Bauer Hoffmann
- beruft sich auf die neuen Gesetze
- verweigert das Zahlen des Feldzehnts

und

Gutsverwalter Hannes
- fordert die jährlichen Abgaben
- droht mit Gewalt

Teil B: Familiengespräch am Mittagstisch

↓

Vater berichtet von dem Streit mit dem Gutsverwalter und will nun mit Hilfe der Familie eine Entscheidung herbeiführen, ob man den eigenen Bauernhof weiter bewirtschaften soll oder nicht.

progressive Argumente durch:

- Sohn Philipp
  setzt sich für die produktive Nutzung der neuen Verhältnisse ein, will den Hof später übernehmen.

- Sohn Willi
  sieht Vorteile in den neuen Gesetzen, will in die Stadt gehen, anderen Beruf erlernen.

- Tochter Else
  will unbedingt den Bauernhof verlassen und in der Stadt Arbeit suchen.

- Tochter Johanna
  schließt sich dem Wunsch der Schwester an, stellt naive Fragen.

konservative Argumente durch:

- Mutter
  es soll alles so bleiben, wie es ist, die neuen Gesetze einfach außer Acht lassen.

- Großvater
  sieht die Vorteile der alten Gutsuntertänigkeit, ist stark autoritätshörig, will keine Veränderungen.

Beendigung des Spiels durch Auftritt des Knechts:
„Die Ochsen sind angespannt, ...“
Die Arbeit auf dem Feld geht weiter → nach dem Mittagessen!

8 Die preußische Mädchenschulreform (1908)

Pro- und Contra-Spiel – Freie Diskussionsrunde – Klasse 9/10

Inhaltliche Aspekte

„Eine 'allgemeine' Geschichte fast ohne Frauen wird den Verdacht nicht los, bloße 'Männergeschichte' zu sein.“ (Bodo von Borries in: Frauengeschichte – Mode, Sekte, Wende? in: Feminin-Maskulin, Jahresheft VII, E. Friedrich Verlag/Klett, 1989.)
Am Beispiel der Geschichte der Mädchenbildung (seit ca. 1800) wird, wie selten sonst, deutlich, daß das Leben und die Leistungen von Frauen Anteil haben an historischen Entwicklungen. Wie könnte sich das allgemeinbildende Schulwesen in Richtung Chancengleichheit für Mädchen und Jungen in dem Maße entwickelt haben, wenn nicht Frauen wie Auguste Schmidt, Hedwig Dohm oder Helene Lange (aber auch Gertrud Bäumer) als treibende Kräfte der Frauenbewegung engagiert dahingehend gewirkt hätten? Die übliche Annahme „Männer machen Geschichte“ wird hier durch das „Sichtbarmachen bedeutender Frauen“ zumindest im Ansatz in Frage gestellt. An dieser Stelle haben auch Mädchen im Geschichtsunterricht eine Möglichkeit, echtes Interesse zu entwickeln, mehr Identifikationsmöglichkeiten zu finden und damit ihr Selbstwertgefühl zu stärken.

Die Geschichte der Mädchenbildung im 19. Jahrhundert am Beispiel Preußens

Die folgende Darstellung skizziert die Entwicklung im höheren Schulwesen, da hier die gesellschaftspolitische Auseinandersetzung im Bürgertum besonders deutlich macht, welche Positionen man zur Frage der Mädchenbildung bis in die ersten Jahre des 20. Jahrhunderts aufrecht zu erhalten versuchte.
1. Mädchen war im allgemeinen der Zugang zur höheren Schule, d.h. zur Reifeprüfung und damit zur Universität bis 1908 verwehrt. Mädchenschulen (Höhere Töchterschulen) waren im 19. Jahrhundert vorwiegend privat organisiert, und zwar überwiegend von Frauen. Nicht der Wissensvermittlung oder Berufsvorbereitung galten dort die bevorzugten Lerninhalte, sondern der Sozialisation zur Weiblichkeit.
2. Erst gesellschaftliche Entwicklungen im 19. Jahrhundert machten es nötig, Frauen der bürgerlichen Schicht eine Berufsausbildung zu ermöglichen. Das Spektrum der Wahlmöglichkeiten beschränkte sich auf scheinbar typisch weibliche Berufe im gewerblich-hauswirtschaftlichen, sozialen und bedingt im pädagogischen Bereich (Volksschulen, private Mädchenschulen). Eine akademische Bildung war nicht möglich.

3. Der Staat nahm sich der Mädchenbildung erst zu Beginn unseres Jahrhunderts an.
4. Als radikale Forderungen galten das Ziel der Koedukation und die Vermittlung gleicher Lerninhalte für Mädchen und Jungen – bis zum Ersten Weltkrieg nicht eingelöst.
5. Argumente gegen die Koedukation von Mädchen und Jungen im höheren Schulwesen wurden unter dem Aspekt der geringeren intellektuellen Fähigkeiten des weiblichen Geschlechts, der Konkurrenz für Männer im Berufsleben (auch schon im Klassenzimmer) und nicht zuletzt (aus Kreisen der Katholischen Kirche) der Gefahr für Sitte und Moral angeführt.
6. Die historische Entwicklung der Mädchenbildung war begleitet von einem Kampf der Frauen um die Teilnahme an Wissen und damit um Qualifikation, Selbständigkeit und Unabhängigkeit. (vgl. Pfister, S. 10/11).
Mit der Entstehung der bürgerlichen Familie um 1800 begann eine rigide Geschlechtertrennung, die aus der Natur von Frauen und Männern begründet wurde. Die bürgerliche Frau, deren sozialer Raum das Haus war, hatte sich um die Familie, die Hausarbeit und Kindererziehung zu kümmern. Der Zugang zu einer humanistischen Allgemeinbildung in einer staatlichen Schule war ihr grundsätzlich versperrt. (Vgl. hierzu: Jacobi – Dittrich in: Feminin – Maskulin, a. a. O.)

Die Bildungsinhalte der Mädchenschulen, die sich durch überwiegend private Einrichtungen als „Höhere Töchterschulen“ oder „Mädchenpensionat“ etabliert hatten, waren konsequent der neu definierten Frauenrolle angepaßt. 1901 waren ca. zwei Drittel der Mädchenschulen privat organisiert. Nicht Wissensvermittlung oder Berufsvorbereitung, sondern allein die Sozialisation zur Weiblichkeit standen im Vordergrund: Gutes Benehmen, gesellschaftlich anerkannte Fertigkeiten wie Klavier spielen und französiche Konversation, sowie ein Kanon oberflächlichen Allgemeinwissens galten für die Erziehung der Mädchen als wichtig, um dadurch ihre Attraktivität auf dem Heiratsmarkt zu erhöhen. Gleichzeitig wurden die Abhängigkeit und Unmündigkeit der Frauen festgeschrieben; es war grundsätzlich nicht möglich, durch eigene Leistungen Status und Prestige zu erreichen. Keine dieser privaten „Höhere Töchterschulen“ war als höhere Bildungsanstalt anerkannt. Sie verliehen somit keine Berechtigung zum Erwerb der Reifeprüfung.

Um 1850 enstanden Forderungen zur Verbesserung der Mädchenbildung, nachdem die soziale Lage vieler Frauen aus dem Bürgertum eine Orientierung zur Erwerbstätigkeit notwendig machte.
Unterstützung fanden diese Ideen zum einen durch liberale Männer, die das volkswirtschaftliche und gesellschaftliche Problem der mangelhaften Frauenbildung erkannten, zum anderen durch die neu entstandenen Ideen vom Sozialismus, der die Befreiung der Frau zu seinen politischen Zielsetzungen rechnete.
Bezeichnenderweise waren es die Leiterinnen von privaten höheren Mädchenschulen, also erwerbstätige Frauen im Lehrberuf, die in verschiedenen Schriften eine anspruchsvollere Bildung für die Töchter des Bürgertums als notwendig erachteten (Amalie Holst, Betty Gleim, Tinette Homburg – Anfang des 19. Jahrhunderts).

Seit den 20er und 30er Jahren dieser Zeit galt die Ausbildung an einem städtischen Lehrerinnenseminar als der Gipfel aller Frauenbildung. Voraussetzung dazu war der Besuch einer höheren Töchterschule bis zur 10. Klasse. Die nach zwei Jahren erreichte Qualifikation berechtigte zur Ausübung des Lehrberufs an Volksschulen und an der höheren Töchterschule.
Sie galt weniger als das Abitur. Einen weiblichen Oberlehrer konnte es einfach nicht geben, der Unterricht an Jungengymnasien war Frauen somit gänzlich verschlossen. Ab 1894 war es möglich, daß seminarisch gebildete Lehrerinnen sich durch eigene wissenschaftliche Studien fortbilden konnten, um als Oberlehrerin an Mädchenschulen zu unterrichten. Die höhere Mädchenschule war aber damals nur neun- oder zehnjährig, d. h. also ohne Oberstufe.
Daß Lehrerinnen bei einer Heirat den Beruf aufgeben mußten (im Dritten Reich wurde dieser Grundsatz wieder aktuell), stieß sogar auf das Einverständnis der bürgerlichen Frauenbewegung und hatte Bedeutung bis in die 50er Jahre unseres Jahrhunderts. Die Interessen ihres gerade von den männlichen Kollegen wenig geachteten Berufsstandes wurden im „Allgemeinen Deutschen Lehrerinnenverein" vertreten, der 1890 auf Initiative von Helene Lange gegründet worden war.
Es waren Pädagoginnen wie Auguste Schmidt und wieder Helene Lange, die den langwierigen Prozeß zur Gleichstellung von Mädchen im höheren Bildungswesen voranbrachten. Seit 1893 war es in Berlin möglich, durch *privat* initiierte Gymnasialkurse Mädchen zum altsprachlichen Abitur zu führen; im gleichen Jahr wurde in Karlsruhe das erste humanistische Mädchengymnasium durch Hedwig Kettler gegründet. Gerade Baden stand für eine fortschrittliche Entwicklung, es gewährte Frauen schon im Jahre 1900 die volle Immatrikulation.

Erst zu Beginn des 20. Jahrhunderts hat endlich der Staat das Problem der Mädchenbildung aufgegriffen. Das politisch hochbrisante Thema führte schließlich 1908 zur *Preußischen Mädchenschulreform,* doch immer noch gegen die Überzeugung vieler patriarchaler Ideologen, wie z. B. des Leipziger Nervenarztes P. J. Möbius, der (1907) unter Zustimmung aus Fachkreisen Frauen „physiologisch gesehen als Schwachsinnige" charakterisierte.
Bemerkenswert ist auch folgende „wissenschaftliche Erkenntnis" aus dem Jahre 1909: „Wir haben auch etliche Berechtigung zu dem Schlusse, daß die Intelligenz der männlichen und weiblichen Erwachsenen ebenso verschiedenartig ist als das Gewicht und die Ausbildung ihrer Gehirne. Jünglinge und Jungfrauen gemeinsam zu unterrichten wäre demnach verfehlt." (K. O. Beetz in: Pfister, 1988, S. 1)
Solche „Feststellungen" konnten aber nicht verhindern, daß in diesen Reformgesetzen von 1908 tatsächlich die weitgehende Gleichstellung der höheren Mädchenschulen (nach zehn Schuljahren Mittlere Reife) mit denen der Knaben festgeschrieben wurde.
Allerdings dauerte der Weg zur Reifeprüfung für Mädchen mindestens ein Jahr länger als für Jungen. Der Grund dafür war der Pflichtbesuch eines ein- bis zweijährigen Lyzeums (Frauenschule), der sich an die zehnjährige Mädchenschule anschloß und die Schülerinnen auf die Rolle der künftigen Ehefrau, Mutter und

Hausfrau vorbereiten sollte. Diese weitere Benachteiligung in der Mädchenbildung zeigte sich nicht nur in der längeren Schulzeit, sondern auch in der geringeren Zahl der Studienanstalten: 1911 gab es in Preußen 34 gegenüber 540 höheren Lehranstalten für Knaben (Pfister, S. 22).

Seit der *Preußischen Mädchenschulreform* 1908 war es für Frauen nun endlich erlaubt, ein Hochschulstudium aufzunehmen. Noch im Jahre 1886 war Frauen ausdrücklich durch einen preußischen Erlaß verboten worden, eine Universität auch nur als Hospitantinnen zu betreten. Diese Politik des Widerstandes gegen das Frauenstudium ist von allen deutschen Universitäten bis ca. 1900 konsequent mitgetragen worden.
Lise Meitner mußte aus diesem Grund eine Hintertür zum Forschungslaboratorium des damaligen Kaiser-Wilhelm-Instituts in Berlin nutzen.
Ausländische Universitäten hatten z. T. schon über 40 Jahre früher Frauen den Zugang zum Studium ermöglicht, so z. B. die Schweiz (Universität Zürich 1865), danach England, Frankreich, Italien und 1897 sogar Österreich. Die Zulassung zur Habilitation wurde in Deutschland erst 1920 möglich. 1923 erhielten die beiden ersten Frauen eine ordentliche Professur.
Bald tauchte auch die Forderung nach *Koedukation* auf. Hier ist Hedwig Dohm (um 1910) zu nennen; sie galt als eine Vertreterin des radikalen Flügels der bürgerlichen Frauenbewegung (den von ihr gegründeten „Frauenverein Reform" gab es seit 1888), während Gertrud Bäumer dem gemäßigten Flügel zuzurechnen war und dazu eine weniger eindeutige Position vertrat. Vorwiegend aus praktischen Gründen wurde die Koedukation gewünscht, z. B. wenn in kleinen Städten die Einrichtung einer Mädchenschule aus finanziellen Gründen nicht möglich war. So ging es meist nur um die Zulassung von Mädchen zur höheren Knabenschule als Ausnahmeregelung, nicht um den gemeinsamen Unterricht als durchgängiges Prinzip. Doch aufgrund eines ausdrücklichen Koedukationsverbotes im Jahre 1909 in Preußen ist vor dem Ersten Weltkrieg der Zugang zu einer Knabenschule nicht möglich gewesen.
Nach 1918 wurde die formale Gleichstellung von Frauen und Männern verfassungsmäßig verankert, so daß auch Lehrerinnen der Zugang zum höheren Lehramt geebnet war und der Weg für eine gleich lange Schulzeit von Mädchen und Jungen seit dem Jahre 1923 frei war.
In den 20er Jahren, der Zeit der Reformpädagogik, entwickelte sich eine Vielfalt des Bildungsangebotes, was eine quantitative Zunahme der Bildungschancen auch für Mädchen zur Folge hatte. Koedukative Schulen waren jetzt möglich, blieben aber die Ausnahme. Ein progressives Beispiel einer Koedukationsschule war die von Fritz Karsen geleitete in Berlin (1920).
Der Nationalsozialismus vertrat eindeutig restriktive Maßnahmen gegenüber der höheren Mädchenbildung. In der Schulreform von 1937 wurden lateinführende höhere Bildung und mathematisch-naturwissenschaftliche Orientierung für Mädchen abgeschafft; an deren Stelle traten eine wissenschaftlich-sprachliche und eine neue hauswirtschaftliche Form der Oberschule. Außerdem war den Frauen

schon 1933 das Habilitationsrecht entzogen worden. Auch wurde die Entlassung aller „versorgten“ Frauen (Ehefrauen und Töchter) aus dem Lehrberuf vier Jahre später durchgesetzt.
Die Zeit nach 1945 war gekennzeichnet von restaurativen Tendenzen besonders in Ländern wie Bayern und Nordrhein-Westfalen, wo die Katholische Kirche starken Einfluß auf die Bildungspolitik hatte.
Die Einführung der Koedukation in allen Schultypen hat sich erst in den 60er und 70er Jahren in der Bundesrepublik endgültig durchgesetzt. In Berlin ist die Koedukation schon seit 1946 im Schulgesetz verankert, doch auch hier gab es im Westteil der Stadt bis in die 50er und 60er Jahre immer zahlreiche Jungen- und Mädchengymnasien innerhalb des staatlichen Schulwesens. In der ehemaligen DDR wurde das Koedukationsprinzip von Anfang an konsequent praktiziert.

Skizzierung der Unterrichtseinheit:

1. Stunde:	Die Schülerinnen und Schüler diskutieren, getrennt in Mädchen- und Jungengruppen, die Frage: Werden Mädchen heutzutage in der Schule bevorzugt oder benachteiligt? Die Diskussionsergebnisse werden vor dem Plenum der Klasse (mit Begründung der Meinungen) vorgetragen.
2. Stunde:	Sachinformation über die historische Situation der Mädchenbildung um 1900 Spielvorbereitung: Einstimmung/Erläuterungen des Verlaufs/Verteilung von Rollen (Rollenkarten für die Vorbereitung zu Hause)
3. Stunde:	Durchführung des Pro-und-Contra-Spiels mit Beobachtungsaufgaben der nicht spielenden Schülerinnen und Schüler Für die Nachbereitung: Hausaufgabe.
4. Stunde:	Darstellung der tatsächlichen Bestimmungen der „Preußischen Mädchenschulreform 1908“ Auswertung der Hausaufgabe, Gesprächsrunde

Vorwissen der Schülerinnen und Schüler

Die Schülerinnen und Schüler wissen, daß um 1900 ...
- Schulpflicht für Jungen und Mädchen im Rahmen der Volksschule bis zum 14. Lebensjahr bestand.
- die Lerninhalte aus Lesen, Schreiben, Rechnen, Religion, etwas Naturkunde, Singen, Handarbeit für Mädchen, Turnen und „Erziehung zur Vaterlandsliebe“ bestanden.
- in der Volksschule Jungen und Mädchen möglichst getrennt unterrichtet wurden (besonders in den Städten).
- Jungen aus besser gestellten Familien private oder öffentliche Volksschulen (dreijährig) der höheren Lehranstalten besuchten (an Stelle der Volksschule).

- Mädchen aus besser gestellten Familien die höhere Töchterschule besuchten (bis zum 15. oder 16. Lebensjahr).
- Jungen die Möglichkeit hatten, ein Gymnasium (Studienanstalt/höhere Lehranstalt) zu besuchen und an der Universität zu studieren.
- Mädchen nicht die Möglichkeit hatten, eine höhere Schule zu besuchen und an den Universitäten nicht zum Studium zugelassen waren.
- wenige Mädchen aus großbürgerlichen Familien durch private Studien und Prüfung als Externe an einer öffentlichen Knabenschule doch die Reifeprüfung abgelegt haben (eine Besonderheit die „Gymnasialkurse“ von Helene Lange in Berlin).
- Mädchen nur im Ausland studieren konnten oder als Ausnahmeregelung eine Sondergenehmigung zur Teilnahme an Universitätsvorlesungen (abhängig von der Zustimmung des einzelnen Professors) bekamen.

Vorbereitung und Durchführung des Pro-und-Contra-Spiels

Das Pro-und-Contra-Spiel knüpft inhaltlich an die Situation vor dem 15. August 1908 an, also jener Zeit, als die preußische Mädchenschulreform noch nicht gesetzlich zur Geltung gekommen war. Es könnte im Jahre 1907 gewesen sein, als eine vorgestellte Runde von Expertinnen und Experten aus dem höheren Bildungswesen zusammengekommen ist, um sich lebhaft darüber auseinanderzusetzen, ob es wünschenswert sei, daß auch Mädchen die Möglichkeit haben, das Abitur zu machen und die Berechtigung erlangen können, ein Hochschulstudium zu absolvieren. Voraussetzung dafür wäre, daß der Staat auch für Mädchen höhere Lehranstalten einrichtet. Denn der Zugang zu höheren Knabenschulen war bis dahin fast undenkbar.
Bewußt sind hier drei ganz wichtige, für die Mädchenschulreform entscheidende Frauen für die Rolle der Expertinnen ausgesucht worden, um die Schülerinnen und Schüler mit historisch bedeutsamen Persönlichkeiten vertraut zu machen. Bei den Männern geht es mehr darum, wichtige gesellschaftliche Positionen aus dem konservativen Lager zu personifizieren. Die hier vorgestellten Personen sind frei erfunden.
Durch die Konfrontation von extremen Meinungen soll der Debatte die nötige Brisanz verliehen werden.
Folgende Teilnehmer/Teilnehmerinnen gehören zur Gesprächsrunde:

PRO-Seite

– Hedwig Dohm 1833–1919	Frauenrechtlerin (radikaler Flügel der bürgerlichen Frauenbewegung); „Frauenverein Reform“ 1888 mitbegründet;
– Helene Lange 1848–1930	Lehrerin (Förderin der bürgerlichen Frauenbewegung), Vorsitzende des Allgemeinen Deutschen Lehrerinnenvereins (1890 gegründet);

– Dr. Gertrud Bäumer 1873–1954	Schriftstellerin (aktiv in der bürgerlichen Frauenbewegung), Zeitschrift „Die Frau“ (Hrg. mit Helene Lange)

CONTRA-Seite

– Hermann Westhöfer	Direktor einer öffentlichen höheren Lehranstalt für Knaben
– Prof. Dr. Schwarzenbeck	Universitätsprofessor der Medizin
– Dr. Altmann	Ministerialdirektor im preußischen Kultusministerium

Ablauf der Gesprächsrunde:
Das Diskussionsthema, d. h. die alternative Fragestellung, wird von der Lehrerin, bzw. dem Lehrer in die folgende klare „Entweder-Oder-Form“ gebracht:
„Sollen in Preußen auch die Mädchen das Recht bekommen, eine höhere Schule zu besuchen oder soll dies wie bisher allein den Knaben vorbehalten bleiben?“
Es ist wichtig zu beachten, daß die Formulierung des Themas nicht schon eine Alternative begünstigt oder attraktiv erscheinen läßt, um die Offenheit der Debatte zu gewährleisten.
Vor und nach dem Spiel kann eine Alternativabstimmung mit dem Zuhörerkreis durchgeführt werden. Grundlage dafür wäre die obige Ausgangsfrage.
Vor Beginn des Spiels sollte die Sitzanordnung verändert werden. Die Anordnung der Tische könnte wie auf dem Schaubild aussehen.

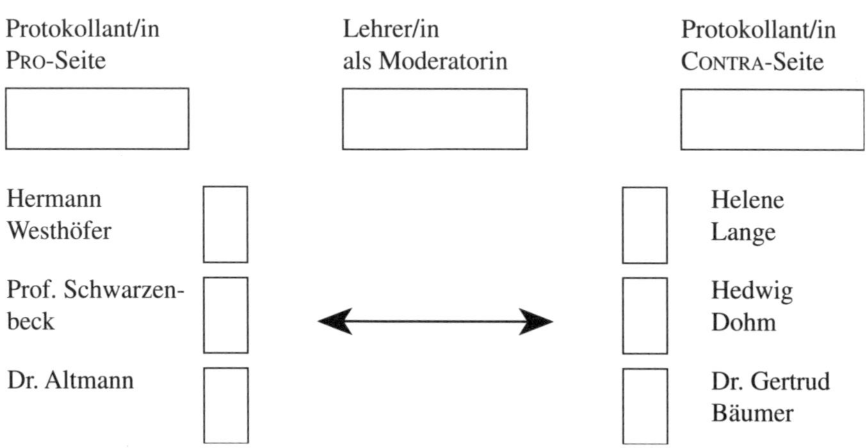

An zwei Tischreihen sitzen sich die Diskussionsteilnehmer/innen gegenüber, an der Stirnseite befindet sich die Lehrerin/der Lehrer zum Moderieren (eventuell auch ein/e kompetente(r) Schüler/in).

Zur rechten und zur linken Seite sitzen jeweils ein Protokollant/eine Protokollantin, um die Argumente für Pro und Contra schriftlich festzuhalten.
Die Schülerinnen und Schüler erhalten ihre *Rollenzuweisungen* (**M 2–7**) und *Argumentationskarten* (**M 8–13**) und brauchen etwas Zeit, um sich auf ihre Position einzustimmen. Die Lehrerin bzw. der Lehrer kann nun den Zuhörern in der Klasse den Ablauf des Spiels erläutern und eventuell bestimmte Beobachtungsaufgaben stellen:

Hier einige Beispiele:
Zum Inhalt der Diskussion:
- Welches waren die zentralen Argumente gegen die Einrichtung von Mädchengymnasien?
- Welche Forderungen der Pro-Seite gelten heutzutage als selbstverständlich?

Zum Ablauf der Diskussion:
- Glaubt ihr, daß die Debatte damals wirklich so gewesen sein könnte?
- Welche Diskussionsteilnehmerin, welcher Diskussionsteilnehmer hat euch besonders gut überzeugt?
- Habt ihr noch weitere Argumente für die Pro- oder Contra-Seite?

Spielverlauf:
Eröffnet wird das Spiel mit einer kurzen Einführung in das Thema (Moderation), wobei möglichst wertneutral beide Alternativen beschrieben werden.

Zur PRO-Seite:
„Den Mädchen ist bis heute (1907) der Zugang zur höheren Schule versperrt. Sie können weder das Abitur ablegen noch eine Universität besuchen, und damit auch nicht Ärztin, Studienrätin, Chemikerin usw. werden. Viele Berufswege sind den jungen Frauen somit verschlossen. Es ist deshalb höchste Zeit, daß der Staat auch für Mädchen höhere Schulen einrichtet und dadurch gleiche Rechte für Schülerinnen und Schüler schafft.“

Zur CONTRA-Seite:
„Das Recht, eine höhere Studienanstalt zu besuchen, soll weiterhin nur für Jungen gelten. Wer tüchtig ist und genügend Intelligenz mitbringt, kann die Hochschulreife auf dem Gymnasium erwerben und an der Universität studieren. Gerade für Männer ist es wichtig, einen ordentlichen Beruf zu ergreifen, damit sie später in der Lage sind, ihre Familie zu ernähren, d. h. für Frau und Kinder zu sorgen. Frauen haben diese Aufgabe nicht, sie sollen daher auch nicht mit den Männern in Konkurrenz treten.“

„Meine Damen und Herren, hier stehen zwei Meinungen gegeneinander. Ich fordere Sie nun auf, meine Damen, sich kurz vorzustellen und ihre Argumente für die PRO-Seite zu formulieren.
Wie ist ihre Meinung, wie stehen Sie zu der Ausgangsfrage?“

Die drei Schülerinnen stellen sich vor und bringen jeweils ein Argument ein, bevor die Moderation die Herren der CONTRA-Seite bittet, sich vorzustellen und in die Diskussion einzusteigen.

Sollte die Diskussion ins Stocken geraten, müßte die Moderation „helfend" eingreifen, indem er/sie z.B. sagt:
- „Frau Lange, Sie haben gesagt, daß ..."
- „Können Sie noch einmal begründen, warum Sie der Meinung sind, daß ..."
- „Herr Westhöfer, wäre es nicht besser, wenn ...
- „Ich behaupte, daß ..."

Zur Abschlußrunde:
„Meine Damen und Herren, wir haben viele gute Argumente der PRO- und CONTRA-Seite gehört. Wie stellen Sie sich nun die weitere Entwicklung im preußischen Schulwesen vor?
Wenn tatsächlich ein neues Gesetz im Abgeordnetenhaus vorgelegt werden sollte, wie müßten sich die Herren Abgeordneten Ihrer Meinung nach entscheiden. Ich bitte um ein ganz persönliches Schlußwort. Frau Dohm, könnten Sie bitte beginnen?"

Nach Abschluß der Spielphase wird die Lehrerin/der Lehrer der Klasse den tatsächlichen historischen Verlauf der preußischen Mädchenschulreform im Jahre 1908 bis zu den Zwanziger Jahren skizzieren (siehe „Inhaltliche Aspekte"). Es wären entscheidende Aspekte, wie z.B. das Koedukationsverbot bis zum I. Weltkrieg, hervorzuheben. (siehe dazu **M 1**)

Nachbereitung (Hausaufgabe):
Die Schülerinnen und Schüler befragen ihre Mutter, Großmutter, Nachbarin oder sonstige Frauen etwa folgendermaßen:
„Wenn Du ein Junge gewesen wärst, glaubst Du, daß Deine Schulzeit anders verlaufen wäre?" ...
Hierbei könnte reflektiert werden, ob auch noch in jüngster Vergangenheit geschlechterspezifische Unterschiede für den Schulbesuch eine Rolle gespielt haben.

Literaturhinweise

Ahrend, Angreth: Möglichkeiten und Unmöglichkeiten der Koedukation, Vortragsmanuskript, o. O. 1989

Beckmann, Emmy: Die Entwicklung der höheren Mädchenbildung in Deutschland von 1870–1914 dargestellt in Dokumenten, Berlin 1936

Brehmer, Ilse: Der widersprüchliche Alltag, Frauen und Schule Verlag, Berlin 1987

Brehmer, Ilse: Koedukation in der Schule, Benachteiligte Mädchen, in: Faulstich-Wieland, Hannelore (Hg.): Abschied von der Koedukation?, Frankfurt/Main 1987

Enders-Dragässer, Uta/Fuchs, Claudia (Hg.): Frauensache Schule, Fischer TB 4733, Frankfurt/Main 1990

Feminin – Maskulin, Jahresheft VII, Erhard Friedrich Verlag, Seelze 1989

Freese, Andrea: Die Darstellung von Mädchen und Frauen in Berliner Grundschullesebüchern, hg. von der Gleichstellungsstelle der SPD-Fraktion, Berlin 1985

Giesche, Sigrid/Sachse, Dagmar: Frauen verändern Lernen. Hypatia Verlag, Kiel 1988

Henley, Nancy M.: Körperstrategien, Fischer TB 4716, Frankfurt/Main 1988

Jansen-Jurreit, Marielouise: Sexismus, Fischer TB 3704, Frankfurt/Main 1980

Kotthoff, Helga (Hg.): Das Gelächter der Geschlechter. Fischer TB 4709, Frankfurt/Main 1988

Kreienbaum, Maria Anna: Erfahrungsfeld Schule. Koedukation als Kristallisationspunkt, Weinheim 1992

Pfister, Gertrud (Hg.): Zurück zur Mädchenschule? Centaurus Verlag, Pfaffenweiher 1988

Prengel, Annedore u. a. (Hg.): Schulbildung und Gleichberechtigung, Frankfurt/Main 1987 (Frauenliteraturvertrieb Frankfurt/Main, Schloßstr. 94)

Pusch, Luise: Das Deutsche als Männersprache, Frankfurt/Main 1984

Rieger, Ursula: Bibliographie für Lehrkräfte zu Fragen der Koedukation und der geschlechtsdifferenten Gewaltprävention, Pädagogisches Zentrum, Berlin 1994

Schultz, Dagmar (Hg.): Ein Mädchen ist fast so gut wie ein Junge, Bände I und II, Frauenselbstverlag, Berlin (Gustav-Müller-Platz 4, 10829 Berlin)

Spender, Dale: Frauen kommen nicht vor, Fischer TB 3764, Frankfurt/Main 1985

Stalmann, Franziska: Schule macht die Mädchen dumm, Serie Piper 1323, München/Zürich 1991

Trömel-Plötz, Senta: Frauensprache: Sprache der Veränderung. Fischer TB 3725, Frankfurt/Main 1982

Trömel-Plötz, Senta: Gewalt durch Sprache. Fischer TB 3345, Frankfurt/Main 1984

9 Die Münchner Konferenz (1938)

Historisches Simulationsspiel – Klasse 9/10

Inhaltliche Aspekte

Unterrichtseinheit:
- die Außenpolitik der NS-Zeit

Vorkenntnisse:
- die Annektion Österreichs
- die Haltung Englands und Frankreichs zur Außenpolitik Hitlers

Im Spiel thematisierter Schwerpunkt:
- die gegensätzlichen Interessen und politischen Zielsetzungen der Verhandlungspartner England, Frankreich, Italien und Deutschland: Die Frage von Frieden oder Krieg für Europa

Durchführung des Spiels

Zeitaufwand: zwei Unterrichtsstunden (besser eine Doppelstunde)

Organisatorische Überlegungen:
- Klassenraum als Spielort: Gruppentische (Konferenztische) à vier Teilnehmer/inne/n
- Requisiten: Namensschilder für die Konferenzteilnehmer/innen
  „Chamberlain – England“, „Daladier – Frankreich“,
  „Mussolini – Italien“, „Hitler – Deutschland“
- eventuell typische Merkmale der Verhandlungspartner durch symbolische Andeutungen wie Chamberlain mit Stehkragen und Krawatte, Daladier mit Trikolore, Mussolini mit Liktorenbündel* der italienischen Faschisten, Hitler mit typischem Oberlippenbart (aufgemalt) und evtl. Hakenkreuzsymbol

*
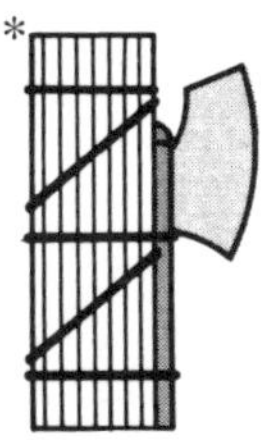

Ablauf der Unterrichtsstunden: (Doppelstunde)

Hinführung zur Spielsituation durch Informationen der Lehrerin/des Lehrers:
- die Lage der Sudetendeutschen in der CSR
- die politischen Forderungen und Drohungen Hitlers
- die Gründe zur Einberufung der Konferenz in München

Vorbereitung der Konferenz:
- Rollenverteilung innerhalb der Gruppe
- gründliches Lesen der Sachinformationen und der eigenen Rollenbeschreibung

Durchführung der Konferenz:
- ausführliche Verhandlungen zwischen den Verhandlungspartnern
- schriftliche Formulierungen der gegenseitigen Abmachungen

Auswertung:
- Vortragen der Konferenzergebnisse vor der Klasse, Fixierung an der Tafel in Stichworten (synoptisch für alle Gruppen)
- Vergleich und kritische Betrachtung der Abmachungen
- Auswertungsgespräch zur Situation der Spielenden: „Wie ist es euch ergangen als Chamberlain, Hitler ...“
- Informationen über die historischen Fakten; Problematisierung des Münchner Abkommens aus heutiger Sicht

Hausaufgabe:
- Berichte darüber, welche politischen Schritte Hitler in den folgenden Monaten (bis Frühjahr 1939) unternommen hat.
- Wie schätzt du diese Entwicklung im Rahmen des Münchner Abkommens ein?

Allgemeine Hinweise zur Spielsituation

Die hier skizzierte Unterrichtssequenz beinhaltet ein typisches historisches *Simulationsspiel,* in dem Geschichte nicht als fertiges Produkt präsentiert wird, sondern bereits vorliegende Ergebnisse für die Schüler/innen wieder zum offenen Verhandlungsgegenstand werden.
Die vorgestellten Teilnehmer/innen erleben sich als Handelnde in einer politisch wichtigen Entscheidungssituation. Sie können sich mit Hilfe ihrer Rollenbeschreibung in die damaligen Geschehnisse hineinversetzen und werden sich aufgrund der Identifikation mit einer bestimmten Person, mit ihren Gedanken, Gefühlen und eigenen Erfahrungen in die Spielsituation einbringen. Erst die Verbindung von Intellekt, Emotionen und Phantasie läßt Erkenntnisprozesse reifen und ermöglicht eine wirkliche Auseinandersetzung mit dem geschichtlichen Stoff. Die sonst eher distanzierte Betrachtungsweise historischer Ereignisse wird hier ersetzt durch das gemeinsame Suchen nach einer Lösung aus dem geschilderten Konflikt. Die Gegenüberstellung mit dem tatsächlichen Verlauf der Münchner Konferenz und deren Folgen ermöglicht dann eine vertiefende Analyse der Intentionen und Strategien der nationalsozialistischen Außenpolitik.

Gleichzeitig findet die Auseinandersetzung mit dem Thema als Kontroverse in Form von *Gruppenarbeit* statt. Die inhaltlichen Vorgaben und Aufgabenstellungen sind zwar einheitlich, können aber zu unterschiedlichen Ergebnissen führen. Diese altbekannte Sozialform bietet hier in besonderer Weise für die Schüler/innen die Möglichkeit, wirklich in einen kommunikativen Prozeß einzutreten. Da dies eine spannungsfreie Atmosphäre voraussetzt, sollte die Gruppenbildung nach Sympathie möglich sein. Gleichsam nebenbei wird bei dieser Art der Zusammenarbeit die Fähigkeit trainiert, ein bestimmtes Interesse zu vertreten, auf fremde Absichten einzugehen, Absprachen zu treffen, Kompromisse mitzutragen oder von gewissen Positionen nicht abzugehen.
Das Thema stellt sich multiperspektiv dar, d. h. die politischen Ziele vier verschiedener Staaten müssen in der Zusammenschau verhandelt werden. Es gilt ein komplexes Bedingungsgefüge zu durchdringen, das nur aufgrund der gegenseitigen Interessenwahrnehmung im Gespräch miteinander transparent gemacht werden kann. Durch die getrennte Erarbeitung der eigenen Positionen werden jeweils nur Teilerkenntnisse eingebracht, die dann aber auf einer neuen gemeinsamen Ebene diskutiert werden müssen. Um zu einer endgültigen Entscheidung zu gelangen, sind unterschiedliche Standpunkte abzugleichen. Der Gruppenprozeß gewinnt dadurch, abhängig von den einzelnen Schülerpersönlichkeiten, an Lebendigkeit. Das Engagement und die Kreativität jedes einzelnen Konferenzteilnehmers werden stark herausgefordert.
Besondere Beachtung verdient bei dieser Inszenierung der Münchner Konferenz das Problem der negativen Rolle. Darf die Lehrerin oder der Lehrer einen Schüler dazu veranlassen, Hitler zu spielen? Ist es nicht geradezu gefährlich, eine Person mit eindeutig destruktiven Anlagen von Jugendlichen bewußt darstellen zu lassen, die selbst höchst gefährdet sind, Hitler gegen jede Art von Vernunft als Helden zu feiern und sich vielleicht sogar mit Begeisterung um diese Rolle reißen? Grundsätzlich sollte man wissen, daß Kinder und Jugendliche meist unkompliziert in eine historisch vorgegebene Rolle hineinschlüpfen, um nach Beendigung des Spiels diese genauso selbstverständlich wieder abzulegen. Die Attraktivität einer Rolle steigt in der Regel in dem Maße, wie sie das eigene Selbstwertgefühl heben kann und Dominanz- und Machtgelüste, gerade bei Jungen, zur Geltung kommen läßt. In diesem Sinne ist der Konferenzteilnehmer Hitler eine eher begehrte Rolle.
Rücksichtslose Verhaltensweisen, subtile und auch offene Gewalt sind im Alltag der Jugendlichen und überhaupt in unserer Gesellschaft zur Zeit allgegenwärtige Phänomene, die unreflektiert erlitten oder aggressiv nach außen getragen werden, die Grenzen anderer manchmal blindlings verletzend. Für die Pädagogin, den Pädagogen kann es geradezu aufschlußreich sein, wo die versteckten Potentiale eines pubertätsbedingten faschistophilen Verhaltens bei den eigenen Schüler/inne/n liegen.
Diese leben in dem Bewußtsein, daß man den Lehrer/innen nicht immer zeigen darf, was man eigentlich denkt und welche Meinung man zu politisch brisanten Themen hat.

sind nicht gesellschaftsfähig und entsprechendes Verhalten muß deshalb vor der Erwachsenenwelt geheim gehalten werden, aber insgeheim produziert man sich hin und wieder damit.
In der Schule werden diese Themen nicht immer angemessen behandelt, erst recht, wenn eine Lehrerin oder ein Lehrer davor Angst haben muß, fast alleine gegen die mehrheitliche Überzeugung einer ganzen Klasse zu stehen.
Doch es gibt auch andere Möglichkeiten, mit dieser Frage umzugehen. Die Rolle Hitlers bietet in diesem Zusammenhang die Chance, ein Stück eigener Aggression im Rahmen des abgesteckten Spielfeldes sanktionsfrei ausleben zu dürfen, zum anderen die wichtige Gelegenheit für die Schüler/innen, in kritischer Reflektion, das eigene Verhalten neu einschätzen zu lernen. Im Anschluß an das Rollenspiel wird ihnen die Gelegenheit gegeben, sich im Gespräch darüber zu äußern, wie es ihnen in der Rolle ergangen ist.
Mögliche Fragen, wie die folgenden, können ein Auswertungsgespräch eröffnen:
- Was hat dir an deiner Rolle Spaß gemacht?
- Welche Teile der Rolle hast du nur schwer spielen können?
- Hast du dich gut in die Verhandlungen (d. h. in die Gruppe) einbringen können?
- Woran lag es, wenn du nicht zu Wort kamst?
- Bist du mit deinem Ergebnis, das heißt mit der Durchsetzung deiner Interessen als Chamberlain, Daladier, Mussolini, Hitler zufrieden?

Besondere Aspekte zur Rolle Hitlers:

- Welche Eigenschaften Hitlers findest du „stark“, welche lehnst du für dich ab?
- Hättest du lieber eine andere Rolle gespielt?
- Warum, glaubst du, hat es dir Spaß gemacht, im Spiel andere zu dominieren?
- Wie erging es dir, als du selbst einmal der Unterlegene, der Verlierer in einer Auseinandersetzung warst? An welche Gefühle kannst du dich erinnern?

Hier ist ein offenes Gespräch erforderlich. Nicht der moralisierende und beeinflussende Lehrer ist erwünscht, sondern einer, der unliebsame Äußerungen zulassen kann. Es ist besser, solche Gedanken und Einstellungen der Schüler/innen ans Licht zu befördern, als sie latent im Unterbewußtseins wirken zu lassen.
Das einzige Mittel, das der Lehrer hat, ist die eigene, ganz persönliche Meinung, die er begründet dagegen setzen kann. Ob die eine oder der andere Schüler/in diese persönliche Überzeugung für sich annehmen kann, bleibt erst einmal offen. Doch ein auf beiden Seiten ehrlich geführter Austausch von politischen Einstellungen ist besser als ein inhumanes Gedankengut nicht zur Kenntnis zu nehmen.
Ist es gelungen, die Diskussion in einer Atmosphäre der gegenseitigen Akzeptanz zu führen, wird es sicherlich möglich sein, solche heißen Themen an anderer Stelle wieder aufzugreifen.

10 Die Entwicklung der Bundesrepublik Deutschland

Projektorientierter Ansatz: Suchspiel, Geschichtspuzzle – Klasse 10

1. Die Bundeskanzler der Bundesrepublik Deutschland (seit 1949)
2. Die Bundespräsidenten der Bundesrepublik Deutschland (1949–1994)
3. Die Geschichte Berlins nach 1945

Inhaltliche Aspekte

Vorkenntnisse:	Die Schüler/innen kennen die Situation Deutschlands nach dem II. Weltkrieg: – die Bedeutung des Potsdamer Abkommens für das besiegte Deutschland – die Entstehung zweier deutscher Staaten 1949 – die Lage in Berlin
Für das Unterrichtsvorhaben mögliche Themen:	– politisch wichtige Ereignisse in der „alten“ BRD – die Geschichte der DDR – die politische Entwicklung Berlins seit 1945 – politische Spannungen (innen- und außenpolitisch) – Internationale Zusammenschlüsse (UNO, NATO, Warschauer Pakt, EU, COMECON, KSZE …) – die Bundespräsidenten der Bundesrepublik Deutschland – die Bundeskanzler der Bundesrepublik Deutschland
Zusätzliche Themen:	– wichtige Ereignisse aus Kultur, Sport und Technik u. a. m.

Durchführung der projektorientierten Arbeit

Zeitaufwand:

Für die Erarbeitungsphase vier bis sechs Unterrichtsstunden im Rahmen des regulären Fachunterrichts; für die Lernerfolgskontrolle (Spielphase) zwei Unterrichsstunden

Erarbeitung der Projektaufgaben:

Die erste Unterrichtsstunde dient der Einführungsphase: die Schüler/innen brauchen Zeit für die Themen- und Gruppenfindung. Der/die Lehrer/in skizziert die Themen und den Ablauf der Projektarbeit und hat die Gelegenheit, wichtige Einzelfragen mit den Schüler/innen zu klären (Arbeitsunterlagen und Materialbeschaffung, Zeitrahmen, Gestaltung der Gruppenarbeit, erwartete Arbeitsergebnisse, Leistungsbewertung, Neudefinition der Lehrerrolle usw.)

Für die folgende Stunde werden die jeweils zu einem Themenbereich gehörenden Bilder, Zahlen, Überschriften und Begriffe, Schaubilder und sonstigen Arbeitsunterlagen (z.B. für die „Bundeskanzler“: alle Kärtchen von **M 1.2–1.13** ausschneiden und auf Pappe kleben) zusammengestellt und den Arbeitsgruppen übergeben.
Die Schüler/innen können sich nun mit ihrer Aufgabenstellung vertraut machen und sich über den Ablauf des Arbeitsprozesses innerhalb der Gruppe austauschen. (**M 1.1, M 2.1, M 3.1**).

Die darauf folgenden Unterrichtsstunden dienen der Erarbeitung des gruppenspezifischen Themas. Der/die Lehrer/in ist beratend tätig. Die schriftlichen Ergebnisse werden zu einem vereinbarten Zeitpunkt abgegeben oder dem Plenum der Klasse vorgestellt. Falls eine Präsentation der Gruppenarbeiten geplant ist, muß dies den Schüler/inne/n rechtzeitig bekannt sein, damit eine Vorbereitung möglich ist.

Am Ende der Projektarbeit

Durchführung der Spielphase:

Erste Stunde: Erarbeitung der Quizfragen innerhalb der Gruppe nach vorgegebenem Schema (**M 4**).
Zweite Stunde: Die Quizspiele werden erprobt, Spielrunden an fünf bis sieben Gruppentischen.

Allgemeine Hinweise zur Spielsituation

Die folgende Unterrichtseinheit mit dem Titel „Die Entwicklung Deutschlands von 1949–1990“ ist projektorientiert angelegt. Das Unterrichtspaket gliedert sich auf in sieben bis acht (oder auch weniger) verschiedene Bereiche, die wichtige Themen der politischen Entwicklung nach 1949 zum Inhalt haben.
Die Schülerinnen und Schüler nähern sich dem Stoff durch ein sogenanntes Suchspiel oder Geschichtspuzzle, indem ihr Interesse erst einmal über die spielerische Methode des Zusammenfügens von Einzelteilen zu einem Ganzen geweckt wird. Im zweiten Schritt werden ganz konventionell bestimmte Fragen zu Einzelthemen bearbeitet und im dritten Teil ist noch einmal der spielerische Umgang mit dem erarbeiteten Material möglich, indem ein Frage- und Antwortspiel (Quiz) für die eigene Klasse selbst hergestellt wird.

Merkmale der projektorientierten Unterrichtsmethode werden durch folgende Aspekte sichtbar:
- Die Schüler/innen wählen sich einen inhaltlichen Schwerpunkt aus dem Katalog der vorgegebenen Themen aus.
- Sie entscheiden selbst darüber, mit wem sie in einer (möglichst) Vierergruppe arbeiten wollen.
- Sie bestimmen ihr Arbeitstempo selbst. Der vorgegebene Zeitrahmen von vier bis sechs Unterrichtsstunden wird nach eigenem Ermessen genutzt.
  Der Grad der Arbeitsintensität und die Verantwortung für das Gelingen der Gruppenarbeit obliegt der Selbstregulierung der Schüler/innen.
- Die Arbeitsmotivation ergibt sich aus der klar umrissenen Aufgabenstellung. Die Schüler/innen müssen nicht ständig neu bewegt werden, ihren Pflichten nachzukommen. Das schrittweise Vordringen in die Thematik wird aufgrund der Arbeitsanweisungen unterstützt, so daß für die Schüler/innen der Weg sichtbar und das Ziel erkennbar ist.
- Die Arbeitsatmosphäre ist entspannter als im herkömmlichen Frontalunterricht, da die Rollenverteilung eine neue ist. Die Schüler/innen gestalten ihren Arbeitsprozeß selber, sind unabhängiger von den Wünschen der Lehrerin oder des Lehrers. Diese können ein Stück Verantwortung für den Vermittlungsprozeß an die Schüler/innen abgeben. Sie übernehmen mehr die Rolle der Beraterin oder des Beraters, um methodische, inhaltliche oder auch gruppendynamische Fragen mit den Schüler/innen zu klären. Der Kontakt mit den Lernenden geschieht eher auf partnerschaftliche Weise. So mancher Pädagoge/manche Pädagogin wird für sich feststellen, daß er/sie ganz neue Seiten seiner/ihrer Schüler/innen entdeckt.

Die Arbeitsmaterialien spiegeln mehr Vielfalt im Rahmen der Informationsbeschaffung wider als im herkömmlichen Unterricht. Es ist nicht mehr alleine das Schulbuch, sondern mehrere Bücher müssen benutzt werden, um dem Ziel näher zu kommen. Da jede Gruppe ein eigenes Thema bearbeitet, ist es nicht allzu schwer, mindestens zwei, vielleicht drei oder vier Bücher grundsätzlich bereitzustellen. Das schließt nicht aus, daß ortsübliche Bibliotheken aufgesucht werden, um zu bestimmten Themen mehr herausfinden zu können. Obwohl die üblichen Hausaufgaben während der „Projektzeit“ entfallen, wird doch die eine oder andere schriftliche Arbeit oft sogar freiwillig zu Hause vervollständigt.

Das Prinzip der Aufgabengestaltung läßt sich am Beispiel des Themas „Die politische Entwicklung Berlins seit 1945“ (**M 3.1**) leicht ablesen. Die sehr einfache Struktur sieht folgendermaßen aus und hängt natürlich ab von der inhaltlichen Gliederung der benutzten Schulbücher:
Es liegen fünf bis sechs Bilder vor, dazu die entsprechenden Überschriften (meist als Schlagworte) und die dazu passenden Jahreszahlen (**M 3.4–3.6**).
Dieses ungeordnete Material muß von den Schüler/innen richtig zusammengesetzt werden. Dieser erste Arbeitsgang wird als Suchspiel bezeichnet.
Der zweite Arbeitsgang besteht aus der intensiven Beschäftigung mit einer oder zwei der Überschriften (pro Schüler/in), die ausführlich erläutert werden sollen, bis hin zu einem Kurzreferat. Zum Beispiel „Die Berlin-Blockade“: Ablauf der Ereignisse, politische Hintergründe, Folgen für Berlin, usw. (siehe dazu Info-Karte **M 3.1**).
Auch bei den Bundespräsidenten und Bundeskanzlern liegen die Arbeitsunterlagen im Materialband vollständig vor; denkbar ist auch eine reduzierte Art des Unterrichtsvorhabens, indem in paralleler Gruppenarbeit nur mit diesen beiden Aufgabenstellungen gearbeitet wird.
Die schriftlichen Arbeiten gelten als gemeinsames Ergebnis der Gruppe, wenn es gewünscht wird, kann es auch bewertet werden. Die Art der Leistungsbewertung bei Gruppenarbeit sollte mit den Schüler/innen vorher geklärt worden sein.

Das Erstellen eines Quizspiels als zusätzliches „Produkt“ der Gruppenarbeit verlangt noch einmal eine sehr intensive inhaltliche Auseinandersetzung mit einzelnen Aspekten des Themas, dient damit der Vertiefung des Gelernten und ersetzt die übliche Lernerfolgskontrolle durch die Lehrerin oder den Lehrer. Dabei ist es unerheblich, wie hoch oder niedrig das Niveau, der Schwierigkeitsgrad der Fragestellungen zu dem bearbeiteten Stoff ist. Jede Gruppe wird sich auf ihrem „Level“ einpendeln, so daß der Lehrer/die Lehrerin auch hier einen Einblick gewinnt, wo seine/ihre Schüler/innen leistungsmäßig wirklich stehen. Die Qualität des einzelnen Quizspiels kann auch darüberhinaus als Gruppenleistung honoriert werden.
Das vorgegebene Spielschema soll für alle Schüler/innen einen verbindlichen Rahmen darstellen. Die Aufgabe besteht vorwiegend darin, zu dem gruppenspezifischen Thema die Fragen zusammenzustellen.
Die Gleichartigkeit aller entstandenen Quizspiele erleichtert den Umgang beim Spielen. Es entstehen keine neuen, unergiebigen Diskussionen um die Spielregeln und den Spielverlauf.
Ist es der Lerngruppe angemessen, können die Quizspiele ohne jede Vorgabe frei erfunden werden. Oft haben Schüler/innen sehr brauchbare Ideen für Veränderungsvorschläge jeder Art.

Zum Spielablauf

Das Quiz wird in einer Würfelrunde gespielt. Dazu sind zwei Kartenstapel nötig, einmal Karten mit Wissensfragen, zum anderen Glückskarten mit den gleichen Fragen, aber zusätzlich zehn Pluspunkten pro Karte. Außerdem enthält dieser Stapel drei Joker, die jeweils 15 Punkte extra bringen.
Ziel des Spiels ist das Erreichen einer vorgegebenen Punktzahl (z. B. 60 Punkte), wobei jede Karte bei richtiger Antwort einen festen, eingetragenen Punktewert besitzt. Die Glückskarten dürfen nur bei einer gewürfelten Sechs aufgenommen werden, sie vergeben einen deutlich höheren Punktwert.
Die Anzahl der Augen auf dem Würfel hat folgende Bedeutung:

1 = Eine Wissenskarte aufnehmen und beantworten.
2 = Zwei Wissenskarten aufnehmen, nur eine davon muß beantwortet werden.
3 = Eine Wissenkarte aufnehmen, wenn die Aufgabe richtig gelöst wird, muß dir dein rechter Nachbar/deine rechte Nachbarin zwei Punkte abgeben.
4 = Spieler/in davor darf noch einmal würfeln, dann die Runde weiterlaufen lassen.
5 = Spieler/in muß aussetzen.
6 = Eine Glückskarte aufnehmen und beantworten.

Alle aufgenommenen Karten werden wieder unter dem Stapel abgelegt, können also wiederholt benutzt werden.
Die Spielrunde ist beendet, wenn ein/e Teilnehmer/in z. B. 60 Punkte erreicht hat. Andere Vereinbarungen müssen vor Spielbeginn getroffen werden.
Jede Gruppe benennt eine Spielleiterin oder einen Spielleiter. Diese/r besitzt die Liste der Antworten zu den Quizfragen und achtet auf die korrekte Handhabung der Regeln. Nachdem das Spiel in der eigenen Gruppe erprobt worden ist, geht der/die Spielleiter/in zum nächsten Gruppentisch und spielt das eigene Spiel dort mit den Teilnehmer/innen durch. Der Wechsel zum nächsten Gruppentisch geschieht so oft wie verschiedene Gruppen vorhanden sind (siehe Zeichnung). Die Gruppe selbst bleibt in der Runde sitzen, nur die Spielleiter/innen ziehen weiter, so daß jede Gruppe alle Quizspiele kennenlernt. Die Punkte für den einzelnen Spieler/die einzelne Spielerin werden von Spielrunde zu Spielrunde addiert, es gibt daher eine Gesamtsiegerin bzw. einen Gesamtsieger in der Klasse am Ende der Spielzeit.

Durchführung der Spielrunden

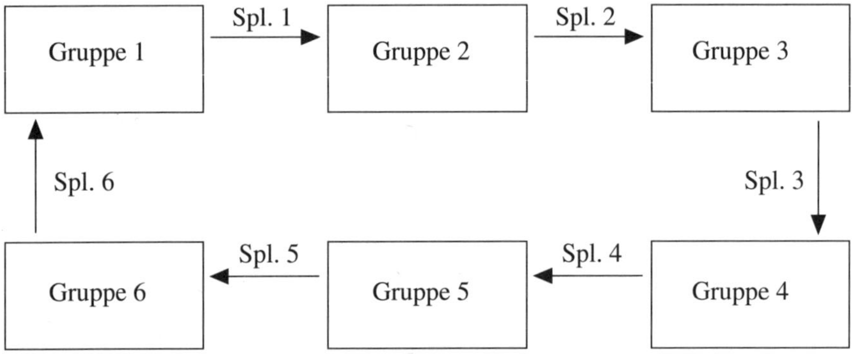

(Spl. heißt Spielleiter/in)